時代の流れに対応した
丁寧な接客英会話の決定版！

増補改訂版

店員さんの
英会話
ハンドブック

無料音声
ダウンロード付

原島 一男
HARASHIMA kazuo

ベレ出版

はじめに　　人への繊細な心づかいを

　　世の中にはあらゆる種類の店があります。良い店は店員さんの態度がきちんとしていて、お客さんに好ましい印象を与えます。この店にもう一度来てみようという気持ちにさせます。悪い店には二度と足を向けなくなるでしょう。

　　この本では、サービスに携わる人たちがお客さんに対して話す、最も好ましい英語フレーズを集めてあります。お客さんとの会話といっても、特別な表現を使わないときもありますし、特定の場面でしか使わない特殊な表現もあります。

　　基本は3つ。
●日常生活で使っている "スマートで洗練された" 表現で話すこと
●プロフェッショナルとして適切な言葉で対応すること
●あなたが関わっていることに対して、人に説明できるような知識を持つこと

そして、それよりもっと大切なことは、
「人への繊細な心づかい」だと思います。

●相手がお客さんであることを常に意識すること
●何度も足を運んでもらえるように最大限の努力をすること
●店の商品に関しては十分な知識を持っていること
●相手に便宜を与えることに心を砕くこと
●相手の質問／疑問に対して納得できる答えを出すこと
などです。

なにより大事なのは、常にスマイルを忘れず、「感じよくふるまい、感じよく話すこと」なのです。

　この本は、サービス業に携わる人がプロであるという意識を踏まえて業務で使う、さまざまな英語フレーズを紹介します。
　世界の人たちが日本を訪れるようになった今、世界の共通語である英語を使って、世界中の人たちとコミュニケーションできるようにと考えて書きました。店員の皆さんこそ、そういう役割を担う現場の接点です。コミュニケーションの道具としての英語に少しでも親しみを感じていただければ、こんなに嬉しいことはありません。

　言葉は、国や地域、話す人の年齢、性別、時代などによって、さまざまに変化します。ここに集めたもの全部がベストとは言えないかもしれません。しかし、そういった違いを超越して使えるものとして選んだつもりです。
　このフレーズを身につけながら、もっとあなたのスタイルと感性に合うフレーズを見つけていってください。常に感じよくふるまい、感じのよい英語で話してください。
　ご健闘をお祈りします。

原島一男

店員さんの英会話
CONTENTS

第3章　販売業　…P.99

第4章　旅行・交通ほか　…P.155

音声のダウンロード方法について

本書の音声は、スマートフォンやタブレット、またはパソコンで聞くことができます。
音声はすべて無料でお聞きいただけます。

●スマートフォン、タブレットの場合
【AI英語教材アプリabceed（株式会社Globee提供）】
①アプリストアで「abceed」をダウンロード
②アプリを立ち上げ、本書の名前を検索して音声を使用

【英語アプリmikan】
①アプリストアで「mikan」をダウンロード
②アプリを立ち上げ、「教材一覧」の検索バーで本書の名前を検索
③音声ボタン（♫）より、音声を再生

●パソコンの場合
【ベレ出版ウェブサイト】
①ベレ出版ウェブサイト（https://www.beret.co.jp）内、『増補改訂版 店員さんの英会話ハンドブック』のページへ行き、「音声ファイル」の「ダウンロード」ボタンをクリック
②8桁のコードを入力して「ダウンロード」ボタンをクリック
　ダウンロードコード　**RQsckeU8**
③ダウンロードされた圧縮ファイルを解凍して、お使いの音声再生ソフトに取り込んで音声を使用

＊ダウンロードされた音声はMP3形式となります
＊zipファイルの解凍方法、iPodなどのMP3携帯プレイヤーへのファイル転送方法、パソコンやソフトの操作方法などについての説明は、小社での対応はできかねますのでご了承ください
＊音声の権利・利用については、小社ウェブサイト内「よくある質問」をご確認ください

第 1 章

基本の会話

Basic Conversation

基礎の"き"

　この本は「店員さんの英会話」ですから、今、お読みになっているあなたはもしかして"店員さん"でしょうか？ あるいは、これから"店員さん"になろうとしている人でしょうか？ それとも、偶然この本が目に入って興味を持ってページを開いているのかもしれませんね。

　どういう人であるにしろ、皆さんには共通点がある、と私は思います。それは英語に興味がある、ということです。英会話は基礎をしっかり覚えて、頭に入れてしまえば、それほどの努力をしなくてもできるようになります。というのは、あなたはもう英語の単語はある程度知っている。それを、どう組み合わせれば通じるようになるか、を学べばいいだけだからです。

　手始めとして、簡単な受け応えを覚えましょう。今、世界の人たちと十分なコミュニケーションを可能にするのは英語以外にはありません。英語を覚えるだけで、あなたのものの考え方、もしかしたら、生き方までを変えることになります。それだけで世界が変わるのですから、やり甲斐があると言えましょう。

　あなたが話す英語はワンフレーズ3秒としましょう。それ以上は、簡単に覚えることができない、と割り切りましょう。その上で、その"3秒フレーズ"を、つなげていけばいいのです。

　そこで大切なのは発音です。この本では主な単語にはカナ表記をつけましたが、そのまま読んでも英語にはならないこともあります。英語には、独特のリズム、音の強弱、それにリエゾンなどがありますから、音声ファイルをダウンロードして正確な音を聞いて、練習

してみましょう。

　それでは、まず、基礎の 'き' から始めましょうか！

❶ Please と Thank you

　「Ｐ と Ｑ をまず覚えること」。

　Ｐ は Please の Ｐ、Ｑ は Thank you の Ｑ（サンキューのキュー）
のことです。

　両方とも上品で丁寧な言葉であり、この２つだけでかなりのコミ
ュニケーションが可能になります。

　例えば、相手の言っていることがわからない場合には、"Please."
と言えば繰り返してくれるでしょうし、買い物をする場合にも、商
品を手に取って "Please." と言うだけで意味は通じます。そして、
そのあと "Thank you." と笑顔で言えば、こちらの感謝の意を表す
ことができます。これは英会話の初歩の初歩の対応です。

❷ Yes と No

　「英会話では Yes と No をはっきりさせること」。

　恋の場面では、Yes が No だったり、No が Yes だったりするこ
とが、洋の東西を問わず存在します。しかし、ビジネスの場合には
そうはいきません。

　できることは "Yes."、できないことは "No." とはっきり言うこ
とです。その場合、"Yes, we can do this."（はい、これをするこ
とができます）とか "No, we can't do this."（いいえ、これをする
ことはできません）と言ってから、理由を説明しましょう。

❸ 日本語と英語で Yes と No が反対になる

「天気がよくありません」
The weather isn't good.
「ええ、よくありません。雨が降りそうです」
No, it isn't. We may have rain.

「あなたは猫が好きではないでしょう？」
You don't like cats, do you?
「いいえ、好きです」
Yes, I do. I like cats.

　英語と日本語の Yes と No を間違いなく使えるようにするためには、Yes と No の後に続く文章が肯定文なら Yes 、否定文なら No と覚えればいいのです。

❹ 英語にもある敬語

　英語でも日本語と同様に目上の人、見知らぬ人に対しては、より丁寧な言葉遣いが必要です。例えば、相手の名前（苗字）を知っているときには、Mr.、Mrs.、Miss.、Ms をつけて相手の名前を呼ぶことで敬意を示します。相手の名前が思い出せないときの一つの方法としては、Sir 、Madam などで呼ぶことです。といっても、毎回つける必要はなく、ときどきつけるのがよいでしょう。

❺ あいづち

　やさしそうで難しいのが、適切なあいづちの打ち方です。

　あいづちにもいろいろあって、あまり頻繁にあいづちを打つのは好ましくありません。

　むしろ、目を使ったり、首を動かすことで、表情豊かに反応するのがいいでしょう。

　言葉に出したければ、"I see."（なるほど）、"That's right."（その通りです）、"Is that so?"（そうですか?) などがあります。

　また、相手が "I study Japanese."（日本語を習っています）と現在形で話した場合は、"Do you?" となり、"I went to Ginza yesterday." （昨日、私は銀座へ行きました）と過去形なら、"Did you?"、"She has been ill."（彼女は病気になっています）と現在完了形なら "Has she?" となるなど、相手の言葉によって変化させなければなりません。この場合、原則を覚えてしまえば、自動的に反応できるようになるでしょう。

　このほか、何か言った方がいい場合の実例を見ましょう。

「そうですね」
That's right.
「そうでしょう？」
Right?（疑問形のように語尾を上げます）
「さあ、わかりません」
I don't know.
「たしかに」
Sure.

「いいですね」
That's good. (お客さん)
That will be good. (あなた)
「それは、まずいですね」
That's not good.
「本当ですか？」
Really?

　英語の場合は、日本語ほど頻繁にあいづちを打たないほうが自然です。それは、あいづちによって、相手の話のじゃまをするということもあり得るわけで、適当な配慮が必要です。

❻ 日常英会話の7パターン

　基本のフレーズとして、次の7つを覚えることを勧めます。

- Could you...?　（〜してくださいませんか？）
- Would you like to...?　（〜されますか？）
- May I...?　（〜してもよろしいでしょうか？）
- I'd like to...　（〜したいです）
- I'm going to...　（〜するつもりです）
- I have to...　（〜しなければなりません）
- I will...　（〜します）

　この基本のフレーズの具体例を見てみましょう。

Could you come over here?（こちらへお出でくださいませんか？）

Would you like to buy it? （これをお買いになりますか？）
May I ask you to wait？ （お待たせしてもよろしいでしょうか?）
I'd like to know the price. （値段を知りたいです）
We're going to call you. （お電話するつもりです）
I have to check.（確認しなければなりません）
We will send it to your address.（ご住所へお送りします）

基本の会話

飲食業

販売業

旅行・交通ほか

❶ 店員さんの会話

　店員さんの会話は、業種によって違いがあるものの、だいたい次の
ようなフレーズで成り立っています。

●お客さんが買いたいものを言う
「背広を買いたいのですが」
I'd like to buy a suit.

●お客さんの希望を尋ねる
「どんな色で？ スタイルは？」
What color and style would you like?

●お客さんが好みを言う
「グレイで３つボタンのものを」
I'd like a gray suit with three buttons.

● あなたが商品を示す
「こちらです」
Here it is.

● あなたがその商品の特徴などを説明する
「今、流行のものです」
It's very popular now.

● あなたが別の商品のことを話す
「別の種類もあります」
We have several different kinds.

● お客さんが価格を聞く
「いくらですか？」
How much is it?

● あなたが価格を言う
「30,000円です」
It will be thirty thousand yen.

● お客さんが価格の交渉をする
「値引きできませんか？」
May I have a discount?

● あなたが価格を10％値引きする
「10パーセント値引きいたします」
We'll give you a ten percent discount.

●お客さんが納得して商談が成立する
「では、買います」
I'll take it.

●お客さんが料金を支払う
「はい、27,000円を」
Here's twenty-seven thousand yen.

●あなたがお礼を言う
「ありがとうございます」
Thank you very much.

　さあ、これであなたが英語を話す基礎は整いました。これからは、なるべく多くのフレーズをすらすら話せるようにするだけですね。

誰でも使える短い表現

　ここで、短い表現を紹介します。ほとんどの日本人は、英語の単語を知っています。これを組み合わせるだけで最低限の意志を伝えることが可能です。 この場合、「値引きはいたしません」など、相手に不都合なことを言うときには、「すみませんが」(I'm sorry.) などの言葉を伴ったほうがいいでしょう。

「何でもありません」
It's nothing. (イッツ ナシィング)
「いつでも、どうぞ」
Anytime. (エニイ タイム)
「問題ありません」
No problem. (ノウ プロブレム)
「おつりです」
Here's your change. (ヒアズ ユア チェィンジ)
「領収書です」
Here's your receipt. (ヒアズ ユア レシート)
「喜んで」
My pleasure. (マイ プレジャー)
「値引きはいたしません」
No discounts. I'm sorry. (ノウ ディスカウンツ アイム ソーリィ)
「まあ、まあ、です」
It's so so... (イッツ ソウ ソウ)
「本当ですか？」
Really? (リアリー)

「どうぞ」
Go ahead. (ゴウ　アヘッド)

「もちろんです」
Sure. (シュア)

「ご自由にどうぞ」
Help yourself. (ヘルプ　ユアセルフ)

「もしかしたら」
Perhaps. (パーハップス)

「お先にどうぞ」
After you. (アーフタ　ユー)

「また、近く、お目にかかります」
See you soon. (スィー　ユー　スーン)

「よい一日を！」
Have a nice day! (ハバ　ナイス　デイ)

「ご幸運を！」
Good luck! (グッド　ラック)

これだけはマスターしたい接客フレーズ

　お客さんと接するに当たって、これだけはまずマスターしたいフレーズです。

「いらっしゃいませ」 2

May I help you?
メイ　アイ　ヘルプ　ユー

　これは、どんな会話の本にでも「買い物」の項目に必ず書いてある定番表現。お客さんとのコミュニケーションの第一歩ですから、店員としてこの言葉を笑顔でスラスラと言えるようになりましょう。この「May I ＋ 動詞」という表現は相手に何かを頼むときや、相手の了承を求めるときなどに使います。

A　「いらっしゃいませ」	May I help you?
B　「どうも」	Thank you.
A　「いらっしゃいませ」	May I help you?
B　「どうも。ただ見ているだけです」	Thank you. I'm just looking.
A　「いらっしゃいませ」	May I help you?
B　「あの箱を見せてください」	Could you show me that box?
A　「どうぞ、ごらんください」	Here it is.
B　「ありがとう。おいくらですか」	Thank you, How much is it?
A　「２０００円です」	That will be two thousand

yen.

B「では、これにします。　　　　　　All right. I'll take it.
　プレゼント用に包んでください」Could you wrap it as a gift?

「ようこそ」　　　　　　　　　　　🔊 3
・・・

Welcome.
ウェルカム

　"Welcome to Japan." 「日本へようこそ」、"Welcome to Tokyo." 「東京へようこそ」、"Welcome to our store." 「当店へようこそ」と使って、歓迎の意を表します。

A「当店へようこそ」　　　　　Welcome to our store.
B「どうも。すてきないいお店です」Thank you. It's a nice store.

A「東京へようこそ」　　　　　Welcome to Tokyo.
B「すばらしい都市です」　　　It's a wonderful city.

「どうもありがとうございます」　🔊 4
・・・

Thank you very much.
サンキュウ　ヴェリ　マッチ

　相手にお礼を述べる感謝の言葉。日本語には「ありがとうございました」「ありがとうございます」と2通りの言い方がありますが、英語では両方とも "Thank you (very much)." です。ただ、日本人

はこの表現を誰でも知っていて、どんな状況でも "Thank you very much." と言いがちです。"Thank you very much." は感謝する気持ちが深い場合にのみ使います。「どうも」とか「ありがとう」など軽い "Thank you." もあります。

　アメリカでは、チップを受け取る人がチップの金額によって、"Thanks." "Thank you." "Thank you very much." "Thank you so very much." と使い分けているようです。

B 「どうも助けてくれてありがとう。　Thank you for your help.
　　チップです」　　　　　　　　　　Here's your tip.
A 「どうもありがとうございます」　Oh, Thank you so much.

A 「485円です」　　　　　　　　　　It's four hundred and
　　　　　　　　　　　　　　　　　eighty-five yen.
B 「500円でおつりはいりません」　Here's 500 yen. Keep the
　　　　　　　　　　　　　　　　　change.
A 「どうも」　　　　　　　　　　　　Thanks.

「どういたしまして」 5

You're welcome.
ユア　ウェルカム

　相手から "Thank you (very much)." と言われたときには、"You're welcome." と反応しましょう。

B 「いろいろありがとう」　　　　　Thank you for everything.
A 「どういたしまして」　　　　　　You're welcome.

「申し訳ございません」

🔊 6

I'm sorry.
アイム ソーリー

　"I'm sorry." と "That's all right." 「いいえ、かまいません」は
セットで覚えましょう。

B 「コーヒーでなくミルクです」　　I wanted milk, not coffee.
A 「申しわけございません」　　　　I'm sorry.

A 「間違いをしてすみません」　　　I'm sorry for the mistake.
B 「いいえ、かまいません」　　　　That's all right.

「少々お待ちください」

🔊 7

One moment, please.
ワン モーメント プリーズ

　人を待たせるときの表現。商品の在庫をチェックしたり、担当者
のところに何かを聞きに行ったり、お客さんのそばから離れるとき
には、必ず言いましょう。

A 「ちょっとお待ちください。　　　One moment, please.
　　在庫をチェックいたします」　I'll check the stock.
B 「はい」　　　　　　　　　　　All right.

A 「ちょっとお待ちください。　　　One moment, please.

どうしたのか見てまいります」　I'll see what happened.
B 「はい」　　　　　　　　　　All right.

「お待たせしました」　　　　　　🔊 8

Thank you for waiting.
サンキュウ　フォー　ウェイティング

　「ちょっとお待ちください」"One moment, please." の後に必ず
来るのが「お待たせしました」"Thank you for waiting." です。

A 「お待たせしました。　　　　Thank you for waiting.
　５分でご注文を用意いたします」 Your order will be
　　　　　　　　　　　　　　ready in five minutes.
B 「どうも」　　　　　　　　　Thank you.

A 「お待たせしました。　　　　Thank you for waiting.
　すべてうまく行っております」　Everything is going well.
B 「それはよかった」　　　　　That's good.

「かしこまりました」　　　　　　🔊 9

Certainly.
サァーテンリー

　お客さんの注文を受けたとき、お客さんから何かを頼まれたとき、
「かしこまりました」"Certainly." と笑顔で応えます。その笑顔をお

客さんは決して忘れません。

B 「これをアメリカへ送ってください」 Could you send this to
America?
A 「かしこまりました」 Certainly.

B 「グリーン・サラダをお願いします。 May I have a green salad,
ドレッシングを別にください」 with dressing on the side?
A 「かしこまりました」 Certainly.

「すぐそちらへ参ります」 10

I'll be right with you.
アイルビー　ライト　ウィズ　ユー

　お客さんが商品に興味を示して何か尋ねたい様子だけど、レジを
打っていたりしてすぐに対応できないときに言う言葉です。"One
moment, please." 「ちょっとお待ちください」と一緒に使うと、よ
り親切です。

B 「すみません」 Excuse me?
A 「すぐそちらへ参ります」 I'll be right with you.

B 「質問があるんですが」 May I ask a question?
A 「すぐそちらへ参ります」 Yes. I'll be right with you.

「お役に立つといいのですが」

I hope that helps.
アイ　ホウプ　ザット　ヘルプス

　お客さんに対して、何かを教えたり、情報を与えてお礼を言われたときの返事です。

B 「いろいろなことを教えて　　　Thank you for telling me
　くれてありがとう」　　　　　so much.
A 「どういたしまして。　　　　　That's all right.
　お役に立つといいのですが」　I hope that helps.

B 「あなたの情報が役に立ちました」　That (information) is very
　　　　　　　　　　　　　　　　useful.
A 「お役に立つといいのですが」　I hope that helps.

「こちらへどうぞ」

This way, please.
ジス　ウェイ　プリーズ

　店のほかの場所にもっとたくさんの商品が展示されているときや試着、支払いなどのために別の場所へお客さんを案内するときに使う表現です。

B 「ほかの製品はありますか？」　Do you have any other
　　　　　　　　　　　　　　　products?

A 「はい、3階にあります。　　　　Yes. They are on the third
　　こちらへどうぞ」　　　　　　　floor. This way, please.

B 「ギフト用に包んでもらえますか？」Could you gift-wrap this?
A 「もちろんです。こちらへどうぞ」Of course. This way, please.

「すみません」 🔊13
. . . .
Excuse me.
イクス　キューズ　ミー

　店の中でも街角でも、見知らぬ人に声をかけるときに使うフレー
ズ。声をかけるときには、名前を知っている人なら、その名前を、
男の人なら "Sir."、女の人なら "Madam." とか "Young lady."
と言ってもいいのですが、この "Excuse me." は、男女を問わない
ので、とっさの場合に便利です。

A 「すみません。　　　　　　　　Excuse me.
　　何かお探しですか？」　　　　Are you looking for something?
B 「ええ、日本に関する本を　　　Yes. I'm looking for books
　　探しています」　　　　　　　about Japan.
A 「これをどうぞ」　　　　　　　They're over here.
B 「ああ、どうも」　　　　　　　Oh, thank you.
A 「どういたしまして」　　　　　You're welcome.

A 「すみません。　　　　　　　　Excuse me. It's time for
　　ラストオーダーの時間です」　last orders.

基本の会話

飲食業

販売業

旅行・交通ほか

B 「もういりません、どうも」 We've had enough, thank you.

「何ですか？」

Excuse me?
エクス　キューズ　ミー

　先ほどと同じ "Excuse me." ですが、語尾を上げて発音すると、「何ですか？」「何とおっしゃいましたか？」と相手に問いかける丁寧な言葉になります。相手の言ったことがよく聞き取れなかったり、相手の意向が不明瞭なときなどに使います。

A 「すみません。　　　　　　　Excuse me?
　何ておっしゃいましたか？」　　I'm sorry, what was that?
B 「このスタイルが好きだと　　　I said I like this style.
　言ったんです」
A 「ありがとうございます」　　　Oh, thank you.

「ごゆっくり」

Take your time.
テイク　ユアタイム

　お客さんが店の中で商品を見定めているときや、洋服の試着をしようとしているときなどに、十分時間をかけてくださいと勧める表現。　"May I help you?"「いらっしゃいませ」とセットで覚えて

おくといいでしょう。

A 「いらっしゃいませ。何か？」　　May I help you, sir?
B 「どうも。見ているだけですから」 No, thank you.
　　　　　　　　　　　　　　　　　I'm just looking.
A 「ごゆっくり」　　　　　　　　 Take your time.
B 「これを試着していいですか？」 May I try this on for size?
A 「もちろんです。　　　　　　　 Of course.
　　ごゆっくり、どうぞ」　　　　 Take your time, plese.

「どうぞ、ご自由に／ご遠慮なく」 🔊16

Help yourself.
ヘルプ　ユアセルフ

　"Help yourself." は、ビールのおつまみなどを相手に勧めるときのほか、地図やちらしなどを「自由に取ってください」と勧めるときにも使います。店で使う場合は「自由に歩き回って、商品を手に取って確かめてください」というニュアンスです。

B 「ビスケットを食べてもいいですか？」May I have the biscuit?
A 「もちろんです。どうぞ、ご自由に」 Sure. Help yourself.

B 「この地図を貰ってもいいですか？」May I take this map?
A 「どうぞ、ご遠慮なく」　　　　　　Please. Help yourself.

「これをどうぞ」

Here you are.
ヒア　ユーアー

　相手にものを渡すとき、料理や飲み物を相手の前に置くときなどに使います。

　レストランでは、"Here you go." と言うときもあります。

B 「熱いコーヒーが欲しいわ。　　　I'd like a hot coffee.
　外はとても寒いの」　　　　　　It's so cold outside.
A 「はい、これをどうぞ」　　　　　Here you are.

B 「水をいただけますか？」　　　　Could I have a glass of
　　　　　　　　　　　　　　　　water?
A 「はい、どうぞ」　　　　　　　　Here you go.

「もちろんです」

Sure.
シュア

　お客さんの質問や要求に対して積極的に応じるとき、自分が確信を持って返事できるときなどに使います。使い方は、ほとんど "of course." と同じです。

B 「これは革でできていますか？」 Is it made of leather?
A 「もちろんです。本物の革です」 Sure. This is real leather.

B 「これを自宅へ送ってください」 Please send this to my home.
A 「もちろんです。ご住所は？」 Sure. Your address, please?

「すみません。売り切れです」 19

I'm sorry. It's sold out.
アイム　ソーリー　イッツ　ソウルドアウト

　お客さんが頼んだ商品がない場合の表現です。

B 「サーモンはありませんか？」　　Don't you have any salmon?
A 「申しわけございません。　　　　I'm sorry. It's sold out.
　売り切れです」

「袋がいりますか？」 20

Do you need a bag?
ドウ　ユー　ニーダ　バッグ

　お客さんの便宜を考えて袋を差し出すときの表現です。

A 「袋がいりますか？ どうぞ」　　Do you need a bag?
　　　　　　　　　　　　　　　　　Here you are.
B 「どうもすみません。ご親切に」　Thank you. That's
　　　　　　　　　　　　　　　　　very kind of you.

「現金ですか？カードですか？」

Cash or credit card? / Cash or charge?
キャッシュ　オア　クレディットカード　　キャッシュ　オア　チャージ

　お客さんが現金で支払うか、クレジットカードで支払うかと尋ねるフレーズです。

A 「現金ですか？カードですか？」 Cash or credit card?
B 「現金でお願いします」　　　　 Cash, please.

A 「現金ですか？カードですか？」 Cash or charge?
B 「カードで払います」　　　　　 I'll pay by credit card.

「おつりです」

Here's your change.
ヒアス　ユア　チェインジ

　おつりを出すときのフレーズです。

A 「おつりでございます」　　　 Here's your change.
B 「ありがとう」　　　　　　　 Thanks.

「3,500円でございます」 🔊 23

That will be three thousand and five hundred yen.
ザット　ウィル　ビー　スリー　サウザンド　アンド　ファイブ　ハンドレット　イエン

　お客さんに支払ってもらう金額を伝える場合には、いくつかの言い方がありますが、そのなかで、丁寧で適切なフレーズ。消費税やサービス料はこう言います。

B 「いくらですか？」　　　　　　How much is that?

A 「3,500円でございます」　　　That will be three
　　　　　　　　　　　　　　　　thousand and five hundred
　　　　　　　　　　　　　　　　yen.

A 「消費税込みで11,000円です」　That will be ten thousand
　　　　　　　　　　　　　　　　and one thousand yen,
　　　　　　　　　　　　　　　　including the consumption
　　　　　　　　　　　　　　　　tax.

A 「この価格にはサービス料は　　This price does not include
　　含まれていません」　　　　　the service charge.

「何かありましたら、お呼びください」

Please let me know if you need any help.
プリーズ　レットミー　ノウ　イフ　ユー　ニード　エニイ　ヘルプ

　これは、お客さんが品物を見ているときに、お客さんのじゃまにならないようにしながら、何かあったら、いつでも役に立つことを伝えるフレーズです。

A「いらっしゃいませ」　　　　　May I help you?

B「ちょっと、これを見ています」　I'm just taking a look at this.

A「どうぞ。　　　　　　　　　　Take your time.

　何かありましたら、お呼びを」　Please let me know if you
　　　　　　　　　　　　　　　need any help.

「とてもよく売れています」

These are selling quite well.
ジーズアー　セリング　クワイト　ウエル

　お客さんが商品に興味を示したら、売り手はその商品が多くの人々に人気のあることを伝えます。このひとことで、お客さんは'買う'ことを決める場合が多いからです。

A「気に入られましたか？」　　　Do you like it?

B「ええ、なかなかいいと思って」　Yes. It's very nice, I think.

A「とてもよく売れています」　　These are selling quite well.

「品質の点ではご心配はありません」 🔊 26

You can be assured of the quality.
ユー　キャン　ビー　アシュアド　オブ　ザ　クアリティ

　売り手として、品質が良いことを伝える表現です。店員さんは、その商品について、知識があり、いくつかほかの商品についても知っているわけですから、品質についての質問がなくても、こうした表現はセールスには大切です。

B 「ちょっと高いような　　　　　I have a feeling that it's
　　気がしています」　　　　　　rather expensive.
A 「品質の点では　　　　　　　You can be assured of the
　　ご心配はありません」　　　　quality.

「ご奉仕価格になっております」 🔊 27

This one's reduced.
ジス　ワンズ　リデュースド

　お客さんが興味を持った商品が、何らかの理由で価格が下げられているときは、このフレーズでお客の購買意欲をそそるように仕向けます。

B 「もっと安いのはないんですか？」 Do you have anything
　　　　　　　　　　　　　　　　less expensive?
A 「ご奉仕価格になっております」 This one's reduced
　　　　　　　　　　　　　　　　already.

「それは扱っておりません」 28

We don't sell it.
ウィ　ドウント　セル　イット

B 「ゲームソフトはありますか？」 Do you have computer
game software ?
A 「申しわけありません。 I'm sorry.
扱っておりません」 We don't sell any.

「お名前とご住所をいただけますか？」 29

Your name and address, please?
ユア　ネイム　アンド　アドレス　プリーズ

お客さんの名前と住所を聞くときのフレーズです。

A 「お名前とご住所をいただけますか？」 May I have your name and
address?
B 「はい、どうぞ」 Okay, here you are.
A 「それから電話番号もお願いします」 And also the telephone
number, please.

「お楽しみを」

（）30

Enjoy it.
エンジョイ　イット

「ご滞在を楽しんでください」

（）31

Enjoy your stay!
エンジョイ　ユア　ステイ

　お客さんが観光や仕事で日本を一時的に訪問していることがわかったとき、こんな言葉をかけて別れます。 また、レストランでホールスタッフが、料理の出来具合などを尋ねに来て、席を離れるときにも "Enjoy it !" と言います。

B 「東京へ出張で来ています。 あと１週間、滞在します。	I'm on a business trip to Tokyo now. I'll stay here for another week.
A 「そうですか。 どうぞ、楽しんでください」	Is that so? Enjoy your stay, please!
B 「はい。そうします」	Thank you. I will.
A 「ステーキはいかがですか？」	How's your steak?
B 「とても、すばらしい」	Well, just wonderful.
A 「そうですか。お楽しみを」	Good. Enjoy it.

基本の会話

飲食業

販売業

旅行・交通ほか

「テーブルを片付けてよろしいですか？」　32

May I clear the table?
メイ　アイ　クリア　ザ　ティブル

　お客さんが食事を終えたのを見計らって、テーブルを片づける前に言う丁寧な言葉。ほかのところでも出てきますが、「May I ＋ 動詞」は、相手に「〜してもよろしいですか？」と許可を求めるときの最も適切な表現です。clear は「きれいに片づける」という動詞です。

A 「テーブルを片づけてよろしいですか？」May I clear the table?
B 「いいえ、まだ済んでいません」　No. We have not finished.
A 「どうぞ、ごゆっくり」　　　　　Take your time, please.

「ご配送しますか？　お持ち帰りになりますか？」　33

Would you like this delivered?
Or will you take it with you?
ウッド　ユー　ライク　ジス　デリバード オア　ウィル　ユー　テイク　イット　ウィズ　ユー

A「ご配送しますか？
　お持ち帰りになりますか？」
B「配送をお願いします」
A「かしこまりました。宅配便で
　2週間かかるので、お届けは最速
　で10月30日です」

Would you like this delivered?
Or will you take it with you?
Delivered, please.
All right. Delivery takes two weeks, so the earliest delivery date is October 30th.

A「ご配送しますか？
　お持ち帰りになりますか？」

B「配送を希望します。海外への配送
　はできますか？」

A「申し訳ございません。海外への
　発送は行なっておりません」

Would you like this delivered?
Or will you take it with you?

I prefer to have it delivered.
Do you ship abroad?

I'm sorry, but we don't ship
abroad.

飲食業

販売業

旅行・交通ほか

時代の変化に対応したフレーズ

「レジ袋は必要ですか？」 34

Do you need a (plastic) bag?

A「レジ袋は必要ですか？」 　Do you need a (plastic) bag?

B「はい」 　Yes, please.

A「サイズはどちらにしますか？」 　Which size do you need?
B「Sサイズでお願いします」 　The smaller one please.

A「レジ袋1枚3円でございます」 　They are three yen each.

支払方法に関するフレーズ 35

　支払方法が多様化しています。さまざまな方法に対応できるよう、いろいろなフレーズを紹介します。
「こちらのQRコードを読み取っていただけますか？」
Could you scan this QR code?
「スマートフォンをコードにかざしてください」
Please hold your smartphone over the code.
「クレジットカードをこちらに差し込んでください」
Please insert your credit card here.
「暗証番号をこちらに入力してください」
Please enter your PIN here.

* PIN = Personal Identification Number

「申し訳ございませんが、お支払いは現金のみです」

I'm sorry, but we only accept cash.

「電子マネーは扱っておりません」

I'm afraid (that) we don't accept e-money.

「画面上の確認ボタンを押してください」

Please press the confirmation button on the screen.

「エラーが出るため、こちらのデビットカードはご使用できません」

I'm afraid (that) your debit card has been declined.

「カードに残高がないようです。チャージしますか？」

It seems (that) you don't have enough money on your card. Would you like to charge it?

「お会計はセルフレジでお願いします」

Please use the self checkout.

「商品のバーコードをスキャンしてください」

Please scan the barcode on your item(s).

「クーポン券はお持ちですか？」

Do you have any coupons?

感染症対策に関するフレーズ　🔊36

「商品を選ぶ際は、手指消毒をお願いします」

Kindly sanitize your hands when picking out items.

「感染症予防のため、マスクを着用しております」

Our staff wear masks to prevent infection.

「英語を話せるものとオンラインでつなぎますので、少々お待ち
くださいませ」
I'll connect you with someone who can speak English
online. Please wait a minute.
「無料Wi-Fiサービスはおこなっておりません」
I'm sorry, but we don't have free Wi-Fi.
「ご注文の商品をお届けにうかがいました」
I'm here to deliver the item(s) you ordered.
「お届けが遅くなってしまい申し訳ございません」
I'm sorry for the late delivery.

トラブルに対応するフレーズ

　残念ながら、お客さんとトラブルになることがあります。単なる間違い、思い違い、商品の欠陥、配送の遅れなど、トラブルの範囲も多種多様です。そういったトラブルに速やかに対応し解決することは、その店への信用につながります。また、プロフェッショナルとしてのあなたの力量が問われることになります。特に、文化・習慣・価値観などが異なる外国のお客さんには、日本の場合とは違う対応が必要になることもありましょう。

　そんなときのフレーズをいくつか集めてみましたが、これは対応のスタートにしか過ぎません。誠意を持って接するだけでなく、具体的な方法でトラブルを解決することで、お客さんの満足度を高めましょう。

「申しわけございません」　🔊38
....
Our apologies.

「おわび申し上げます」
....
We'd like to apologize.

「私どもの手違いです」
....
Our mistake.

「私たちの責任です」

It was our mistake.

　少しでも前に起こったことを話すときには、過去形にするのが英語のならわしです。お客さんに違う商品を渡したり、配送が遅れたりして、お客さんからクレームがあったときの表現を紹介します。

B「この品物は買いませんでした」　I didn't buy this.
A「申しわけございません」　　　　Our apologies.

B「買った家具がまだ届かない　　　I haven't received the
　んですけど」　　　　　　　　　furniture I bought.
A「私どもの手違いです。まだ、　　It was our mistake.
　発送していませんでした」　　　We haven't shipped it yet.

B「この領収書の数字が　　　　　　The figures on this receipt
　違っていますよ」　　　　　　　are wrong.
A「これは私たちの責任です」　　　It was our mistake.

「返品可能でございます」

It's returnable.

　下着、水着などの商品は原則的に返品することはできません。ところが、状況によっては、返品することが可能です。これはクレームではありませんが、そのときの表現を。

B「この水着は返品できますか？」　Is this bathing suit returnable?

A「はい、可能でございます。　Yes, it is.
　もし、水へお入りになって　But only if you haven't worn
　いなければ」　it in water.

B「このシャツ、派手過ぎます。　This shirt is too bright
　　返品可能ですか？」　for me. Is it returnable?

A「はい、可能でございます」　Yes, it's returnable.

「ほかの品物に換えさせていただきます」

We'll exchange this for another one.
We'll exchange this to another one.

　商品に欠陥があったり、間違いがあって、交換する場合のフレーズです。

B 「これ、壊れていて使えません」　This is broken. It doesn't work.

A 「ほかの品物に換えさせて　We'll exchange it for いただきます」　another one.

B 「色が違うんですけど。　The color is different.
　茶色でなくグレイです」　I wanted gray, not brown.

A 「グレイに換えさせていただきます」 We'll exchange it to a gray one.

「返金いたしますか？」
Would you like a refund?

　お客さんが求めた商品が何らかの理由で、お客さんの満足を得られない場合には、返金することも必要です。そのときの対応です。

B「このステレオは思ったほど 　音がよくないんですけど」	The sound (on this stereo) isn't as good as I expected.
A「払い戻しますか？」	Would you like a refund?
B「お願いします」	Yes, please.

「申しわけありません。返す言葉もございません」
We are very sorry. There is no excuse for this.

B「このグラス、包装が悪くて 　壊れてしまいました」	The glass broke because it was badly packed.
A「返す言葉もございません」	We are very sorry. There's no excuse for this.

B「この背広の直し、合って 　いません」	This suit has been altered but still doesn't fit.
A「申し訳ございません。 　おわび申し上げます」	We are very sorry. We'd like to apologize.

「今後、気をつけます」

We'll be more careful in the future.

「これからは、このようなことのないようにいたします」

We will make sure this never happens again.

　「これからは、よく注意して間違いのないように努力をする」と前向きの姿勢を示すフレーズです。

B「この計算が違っていますよ」　　The calculations are not right.

A「今後、気をつけます。これからは、　We'll be more careful in the future.
　このようなことのないように
　いたします。」　　　　　　　　We will make sure this never happens again.

「ご購入日をいただけますか？」

May I ask you for the date of purchase?

　お客さんがクレームを言ってきたとき、往々にして、領収書を持っていません。そんなときに使う、「いつお買いになりました？」 "When did you buy this?" より丁寧な表現です。

B「これを取り換えてくれますか？　Could you change this?

領収書がないんですけど」　　　　But I have lost the receipt.
A「ご購入日をいただけますか？」　May I ask you the date of
　　　　　　　　　　　　　　　　　purchase?

B「この間、この財布を買いましたが、I bought this wallet the
　バッグに替えたいんです」　　　　other day. But I want to
　　　　　　　　　　　　　　　　　change it to a bag.
A「ご購入日をいただけますか？」　May I ask you the date of
　　　　　　　　　　　　　　　　　purchase?

「上のものと相談いたします」

I'll consult with the superiors.

「係のものに問い合わせます」

I'll ask the person in charge.

　お客さんのクレームがあなたの判断の範囲をこえていて、上司や
担当者にアドバイスを求めるときの表現。

B「このクッキー、味が良く　　　These cookies don't taste
　ないけど。取り換えてくれ　　right.   Could you change
　ませんか？　　　　　　　　them?
A「上のものと相談いたします」　I'll consult with the superiors.

B「この卵、配達されたばかりなの？」Are these eggs just in?

A 「係のものに問い合わせます」　　I'll ask the person in charge.

「ご迷惑をおかけしたことをお詫びいたします」

Please accept our apologies for the
inconvenience.

A 「このお品を新品に交換いた
　します。ご迷惑をおかけした
　ことをお詫びいたします」

We'll change this to a new
one. Please accept our
apologies for the
inconvenience.

A 「ご迷惑をおかけしたことを
　お詫びいたします。
　今後、気をつけます」

Please accept our apologies
for the inconvenience.
We'll be more careful in the
future.

「検討いたします」

I'll see what I can do.

B 「この品物をもっと安いものに
　換えてくれませんか?」
A 「検討いたします」

Could you change this to
something less expensive?
I'll see what I can do.

「申し訳ございませんが、そのようなサービスは行なっておりません」

I'm sorry, but we don't offer that kind of service.

悪質なクレームなどには、毅然とした態度で対応することも大切です。

B「もう一つ同じものをおまけに　Could you throw an extra
　つけてください」　　　　　　one in for me?

A「申し訳ございませんが、そのよう　I'm sorry, but we don't
　なサービスは行なっておりません」　offer that kind of service.

B「開封したけど、返品したいです」　I've already opened this
　　　　　　　　　　　　　　　　　item, but I'd like to return it.

A「申し訳ございませんが、お受け　I'm sorry, but we can't
　できかねます」　　　　　　　　refund or exchange it.

＊return＝返品する
＊refund＝返金する

飲食業

販売業

旅行・交通ほか

「どこに置き忘れたか覚えていますか？」

Do you remember where you left it?

忘れ物のお問い合わせがあったときの表現です。

B「忘れ物をしました……」 I think I left something here.

A「どのようなものか詳しく教えて Could you tell me what it
いただけますでしょうか？」 looks like in detail?

B「赤い財布です」 It's a red wallet.

A「どこに置き忘れたか覚えていま Do you remember where
すか」 you left it?

B「一番奥のテーブルにあるかも It may be on the table at
しれません」 the far back.

A「お忘れになったのはこちら Is this what you left?
ですか？」

A「そういったものは届いておりません。 We haven't received
見つかり次第、ご連絡します」 anything like that here.
We'll contact you as soon
as we find it.

B「ありがとうございます」 Thank you very much.

返品などをお断りする際のフレーズ 🔊39

・・・

「返品・交換の際は、1週間以内にレシートと一緒にお持ちください」
For a return or an exchange, please bring it back within a
week together with your receipt.

「不良品以外は、返品・交換はできません」
I'm afraid (that) except for defective items, we don't
accept returns or exchanges.
＊不良品＝ defective item/product

「開封後の返品は承れません」
I'm afraid (that) we don't accept returns after items have
been opened.

電話の会話

　電話には、日本語の場合と同じく独特な言い回しがあります。ここでは、正しい電話の受け方と独特な言い回しを覚えましょう。

　相手の姿が見えない電話の場合は、会話の間に、次のような言葉を補うことも必要です。

「すみませんが、」	I'm sorry...
「よろしかったら、」	If you don't mind...
「どうも、恐れ入ります」	Thank you...
「どうぞ」	Please...

　次に、いくつかの例文を載せます。電話番号などの数字の伝え方は、いろいろな言い方がありますが、ここでは、数字を１つずつ伝える言い方にしました。それは、ゼロをオーと言うと、フォーに間違えられることがあるからです。

　それから、電話がかかってきた人が不在の場合には、必ず伝言を受けるようにすること、これは店の信用につながります。

　また、周りの人に迷惑がかからないように、声の大きさに注意して話すことも必要でしょう。

A「タケダ・ストアでございます」	Takeda Store. May I help you?
B「ジョー・ハリスといいますが、店長の竹田さんはいらっしゃいますか？」	This is Joe Harris. May I speak to Mr. Takeda, the shop master?
A「はい、ハリス様、そのままお待ちください」	Yes, Mr. Harris, please hold on.
B「どうも」	Thank you.

A「もしもし、竹田です。 Hello. This is Takeda speaking.

ハリスさん、お待たせしました」 Thank you for waiting, Mr. Harris?

A「おはようございます。 Good morning.
タケダ・ストアでございます」 Takeda Store. May I help you?

B「配達担当の小林さんは May I speak to Mr.
いらっしゃいますか？」 Kobayashi, who's in charge of delivery?

A「申しわけありませんが、 I'm sorry,
ただいま外出しております。 he is out now.
ご伝言はありますか？」 May I take a message?

B「こちらはデビッド・ケントです。 Yes. This is Kent -- David
できるだけ早く電話をくれるよう Kent. My number is nine,
伝えてください。電話番号は seven, eight, six, five, zero,
978-6501です」 one. Could you ask him to call me as soon as possible?

A「かしこまりました。 Certainly. Let me repeat.
繰り返します。 Mr. David Kent? And your
デビッド・ケント様ですね。 number is nine, seven, eight,
お電話番号は978-6501ですね」 six, five, zero, one?

B「はい、そうです」 Yes, that's right.

A「ケント様、そのように All right, Mr. Kent. I'll let him
お伝えします。 私は伊藤です。 know you called. My name
伊藤まゆみです。お電話ありがとう is Ito... Mayumi Ito. Thank

ございました。失礼いたします。 you for calling. Thank you.
さようなら」　　　　　　　　　Bye.

留守番電話の録音

「タケダ・ストアでございます。当社の営業時間は午前９時から午後
６時でございます。ご質問などございましたら、信号音の後にメッ
セージ（ご用件）をお願いいたします。ありがとうございました」
"This is Takada Store. Our business hours are from nine AM
to six PM. If you would like to leave a message, please do so
after the tone. Thank you for calling."

「こちらはタケダです。今、電話に出ることができません。信号音の
後にメッセージをどうぞ」
"This is Takada. We can't get to the phone right now but
please leave your message after the tone. Thank you."

電話のフレーズいろいろ　　　　　　　　40

「スミスさんですか？」
Is this Mr. Smith?
「私です」
Speaking.
「どちら様ですか？」
Who's calling, please?

「少々、お待ちください」
Hold on, please.
「お名前のつづりをお願いします？」
How do I spell your name?
「もう一度お願いします？」
I beg your pardon?
「どなたをお呼びですか？」
Who are you calling, please?
「もう少し大きな声でお願いします？」
Could you speak a little louder?
「どのようなご用件ですか？」
How may I help you?
「電話をくださるようにお伝えください」
Please ask him (her) to call me back.
「同姓のものが何人かおります」
We have several persons by that name.
「こちらにそういう者はおりません」
We have no one by that name.
「担当のものに回します」
I'll transfer the call to the person in charge.
「ほかの電話に出ております」
He's on another line now.
「折り返し電話をさせましょうか？」
Would you like him (her) to call you back?
「電話番号をお願いします」
May I have your number?

飲食業

販売業

旅行・交通ほか

「営業時間は午前9時から午後6時でございます」

Our business hours are from nine AM to six PM.

「お電話ありがとうございました」

Thank you for calling.

「番号違いです」

Sorry, you have the wrong number.

「お話しできてよかったです」

Nice talking to you.

不在のときのフレーズ 41

「来客中です」

She is with a guest.

「会議中です」

He is in a meeting.

「電話中です」

She is on another line.

「外出中です」

He is out of the store.

「休暇中です」

She is on vacation.

「出張中です」

She is on a business trip.

「昼食中です」

He is out for lunch.

「出社前です」

He is supposed to come in soon.

「帰宅しました」

She has left for the day.

「折り返し電話するよう伝えますか？」

Shall I tell him to call you back?

「2時に電話いただけますか？」

Could you call back at two?

「30分ほどで戻ります」

He'll be back in 30 minutes.

「お名前をもう一度お願いいたします」

Could I have your name again?

「今日はお休みです」

It's his day off today.

「ご伝言は？」

May I take a message?

デリバリーを受ける際のフレーズ　🔊42

「お持ち帰りですか？宅配ですか？」

To go or delivery?

「何をご注文ですか？」

What would you like to order?

「一緒にサイドメニューはいかがですか？」

Would you like any sides with that?

「お届け先のご住所と電話番号をお願いします」

Please tell me the recipient's address and phone

飲食業

販売業

旅行・交通ほか

number.

「30 分以内にお届けにあがります」

Your order will be delivered within 30 minutes.

「混んでいるので、お届けに 30 分以上かかります」

I'm afraid (that) delivery would take more than 30 minutes because it's very crowded now.

予約を受ける際のフレーズ

「ご希望の日時はいつですか？」

Which day and time do you prefer?

「何名様ですか？」

How many people?

「喫煙席と禁煙席 の希望はございますか？」

Would you like smoking or non-smoking?

「ご予約、承りました」

Your reservation is all set.

「お名前と電話番号をお願いします」

May I have your name and phone number?

「アレルギーはありますか？」

Do you have any allergies?

「ご注文のコースはお決まりですか？」

Have you decided the course you would like?

「お電話ありがとうございました。ご来店お待ちしております」

Thank you very much for calling. We look forward　to welcoming you.

「あいにく満席です」

I'm afraid (that) we are full right now.

「あいにくその日は予約でいっぱいです」

I'm afraid (that) we are fully booked on that day.

「夜8時だったらお席が取れます」

You can make a reservation at eight o'clock at night.

「ご予約はディナータイムのみとなっています」

I'm afraid (that) you can only make a reservation　　during dinner time.

そのほか　🔊44

「ファックスを送りたいのですが」

I'd like to send you a fax.

「ファックスで送ってください」

Would you send it by fax, please?

「ファックスが届いていませんが」

I haven't received your fax.

「ファックスが故障しています」

The fax machine is out of order.

「今、電車の中なので、話せません」

Sorry, I'm on the train... can't talk now.

「後で電話します」

I'll phone you later.

電話でのスペルの言い方

A 「お名前のスペルをお願いします」 How do you spell your
name?

B 「私の名前は木村です。 My name is Kimura.
キングのK、イタリアのI、 K for King, I for Italy,
メキシコのM、ユニオンのU、 M for Mexico, U for Union,
ローマのR、アメリカのAです」 R for Rome, A for America.

A	America	K	King	U	Union
B	Brazil	L	London	V	Victory
C	China	M	Mexico	W	Washington
D	Denmark	N	New York	X	X-ray
E	England	O	Olympics	Y	Yellow
F	France	P	Paris	Z	Zebra
G	Germany	Q	Queen		
H	Hong Kong	R	Rome		
I	Italy	S	Spain		
J	Japan	T	Tokyo		

第 2 章

飲食業

Restaurant Business

覚えておきたい飲食業の接客フレーズ

出迎え

- □ いらっしゃいませ。
  May I help you?

- □ 喫煙席ですか、禁煙席ですか？
  Smoking or non-smoking?

- □ こちらへどうぞ。
  This way, please.

- □ 何人様ですか？
  How many persons, please?

- □ 5人です。
  Five.

- □ ようこそ。
  Welcome.

- □ 窓側のお席はありません。
  All the tables by the window are taken.

- □ 満席です。
  We're fully booked.

- □ どれくらい待ちますか？
  How long is the wait?

- □ 10分ぐらいです。
  About ten minutes.

- □ 予約は受けておりません。
  We don't take reservations.

- □ 相席でも、よろしいですか？
  Do you mind sharing a table with other people?

- □ 当店のご利用は初めてですか？
  Have you been here before?

注文

□ お飲み物はいかがですか？
　Would you like any drinks?

□ お酒をお願いします。
　Sake, please.

□ 温かいお酒ですか？　冷酒ですか？
　Hot or cold?

□ 熱かんを。
　Very hot, please.

□ 白ワインをお願いします。
　White wine, please.

□ オレンジジュースをお願いします。
　I'll have orange juice.

□ 今日の特別料理は…
　Today's specials are...

□ 今日はとても良いサシミがあります。
　We have a very good sashimi today.

□ それはどんな料理ですか？
　What's it like?

□ 魚にします。／肉にします。
　I'll have fish. ／ I'll have meat.

□ お食事はお決まりになりましたか？
　Are you ready to order?

□ お二人で一緒に召し上がりますか？
　Are you sharing?

□ こちらがメニューです。
　Here's the menu.

□ ほかのものを持ってきますか？
　Can I get you anything else?

□ ドレッシングはどんな種類ですか？
　What kind of dressing?

☐ フレンチ、イタリアン、和風などです。
French, Italian and Japanese.

☐ ステーキ（パスタ）の加減は？
How would like your steak (pasta) ?

☐ レア、ミディアム、それともウエルダンですか?
Rare... Medium... or Well done...?

☐ 水をください。
May I have some water, please?

☐ デザートはついていますか？
Does it include a dessert?

☐ おかわりはいかがですか？
Would you like another helping?

☐ これは注文していません。
I did not order this.

☐ 同じものをお願いします。
The same for me, please.

☐ ご注文はこちらのタブレット端末をご利用くださいませ。
Please use this tablet to order.

☐ ご注文はこちらのQRコードをスキャンして、スマートフォンからお願いします。
Please scan this QR code with your smartphone to order.

☐ こちらのメニューは、テイクアウトでもデリバリーでもご注文いただけます。
This dish is available both to go and for delivery.

☐ 生ものなので、お持ち帰りはできません。
I'm afraid (that) you can't take it home because it's perishable.

☐ お車を運転される方へのアルコール提供はできかねます。
I'm sorry, but we cannot serve alcohol to drivers.

☐ 当店では離乳食の用意はございません。
I'm sorry, but we don't serve baby food.

会計　　　🔊47

☐ 勘定をお願いします。
  May I have the bill (check), please?

☐ 支払いは別々にしたいのですが。
  May we have separate bills (checks), please?

☐ テーブルでお支払いください。
  Please pay at the table.

☐ クレジットカードは使えますか？
  Do you take credit cards?

☐ どのクレジットカードでも使えます。
  We take any credit card.

☐ 領収書を差し上げますか？
  Would you like a receipt?

☐ サービス料は含まれております。
  The service is included in the bill (check).

☐ 消費税は、テイクアウトは8パーセント、店内飲食は10パーセント
  です。
  Sales tax is 8% for to-go items and 10% for eat-in.

  ＊消費税は、consumption tax ともいう

そのほか

☐ おしぼりをどうぞ。
Here's a wet towel for you, please.

☐ 料理はいかがですか？
Are the dishes all right?

☐ お楽しみください。
Please enjoy yourself.

☐ テーブルを片づけてよろしいですか？
May I clear the table?

☐ 何かありましたら、お呼びください。
Please let me know if you need help.

☐ お手洗いはあちら右側です。
The rest rooms are over there on your right.

☐ チップはお受けしないことになっております。
We are not allowed to take tips.

☐ 苦手な食材はございますか？
Do you have any food preferences?

☐ こちらの料理には、豚肉由来の材料が使われています。
This dish contains pork products.

☐ 当店にはヴィーガン向けのメニューはございません。
I'm sorry, but we don't have any vegan dishes.

☐ お持ち歩きのお時間はどれぐらいですか？
How long will you be carrying this around for?

☐ 保冷剤はお付けしますか？
Would you like ice packs with it?

01 洋食レストラン　🔊49

お客様　ここの名物料理は？	What's the specialty of this restaurant?
あなた　特製カツ丼です。 おいしいですよ。	Our katsudon is good. It is slices of deep-fried pork in egg and onion on a bowl of rice.
お客様　それにします。 あなた　ありがとうございます。	OK, I'll have that. Thank you...
(別の)お客様　私はエビフライを。 あなた　それも、おいしいです。 野菜サラダもつけますか？	I'll have deep-fried prawns. Thank you. That is delicious, too. Would you like a side salad?
お客様　お願いします。	Yes, please.

基本の会話 / 飲食業 / 販売業 / 旅行・交通他ほか

覚えたいフレーズ ●●

□ お席へご案内いたします。
　I'll show you to your table.

□ ただいま満席です。
　All the tables are taken.

□ お掛けになってお待ちください。
　Please take a seat and wait here.

□ 20分ほどお待ちいただくことになりますが。
　Can you wait for about twenty minutes?

□ 当店ではセルフサービスでお願いしております。
　This restaurant is self-service.

□ 食券を先にお求めください。
Please buy a meal ticket first.

□ ランチメニューは2時までです。
Lunch stops at two.

□ お飲み物がつきますが。
Drinks are included.

□ お飲み物がサービスになっております。
The drinks are free.

□ ご注文を繰り返します。
I'll repeat your order.

□ 相席ですが、よろしいですか?
Do you mind sharing a table?

単語 ●●

● どんぶりもの／rice bowls with various toppings
ライス　ボウルズ　ウィズ　ヴェリアス　トッピングズ

● カツ丼／pork cutlet and rice bowl
ポーク　カットレット　アンド　ライス　ボウル

● 天丼／tempura and rice bowl
テンプラ　アンド　ライス　ボウル

● 牛丼／beef and rice bowl
ビーフ　アンド　ライス　ボウル

● 親子丼／chicken and egg and rice bowl
チキン　アンド　エッグ　アンド　ライス　ボウル

● ハンバーグライス／Hamburger and rice
ハンバーガー　アンド　ライス

● 豚肉のショウガ焼き／pork ginger
ポーク　ジンジャー

● カレーライス／curry and rice
カリー　アンド　ライス

● 海老フライ／deep-fried prawns
ディープ　フライド　プローンズ

● ポタージュスープ／thick soup
シィック　スープ

● コンソメスープ／consommé
コンソメ

● 野菜スープ／vegetable soup
ベジタブル　スープ

● かきフライ／deep-fried oysters
ディープ　フライド　オイスターズ

● ハヤシライス／hashed beef and rice
ハッシュド　ビーフ　アンド　ライス

- オムライス／fried rice with chicken in an omelet wrap
  フライドライス　ウィズ　チキン　イナ　オムレットラップ
- とんカツ／breaded pork cutlet
  ブレッデッド　ポーク　カットレット
- メンチカツ／deep-fried rissole
  ディープフライド　リソール
- 鶏の唐揚げ／deep-fried chicken
  ディープフライド　チキン
- ロールキャベツ／stuffed cabbage roll in a soup
  スタッフド　キャベッジ　ロール　イナ　スープ
- ビーフシチュー／ beef stew
  ビーフ　スチュー
- シェフサラダ／chef's salad
  シェフス　サラッド
- 和風ドレッシング／Japanese dressing
  ジャパニーズ　ドレッシング
- バイキング／buffet
  バフェイ
- 自然食レストラン／organic restaurant
  オーガニック　レストラン
- ファミレス／family restaurant
  ファミリー　レストラン
- サラダバー／salad bar
  サラッド　バー
- 名物料理／specialty
  スペシャリティ
- お弁当／boxed lunch/packed lunch
  ボックスド　ランチ／パックド　ランチ
- おにぎり／onigiri/rice balls
  ライスボウルズ
- 梅干し／pickled plums
  ピクルド　プラムズ
- らっきょう／pickled shallots
  ピクルド　シャロッツ

Fried Prawns

02 バー

あなた	何をお飲みになりますか？	What would you like to drink?
お客様	マティーニを。ドライにして。	A Martini... Make it dry.
あなた	オリーブかレモン・ツイストで？	With an olive or a twist of lemon?
お客様	レモン・ツイストで。	With a twist of lemon, please.
あなた	かしこまりました。	Certainly.

（注）レモン・ツイストは小さく切ったレモンの皮をねじった香りづけ。

あなた	ご注文は？	What shall I get you?
別のお客様	ウイスキーの水割りをお願いします。	A whisky with water, please.
あなた	日本のウイスキーですか？それともスコッチかバーボンでも？	Japanese whisky? Or Scotch or Bourbon?
お客様	日本のをください。それから、こちらの女性にはビールを。	Japanese, please. And for this lady, a beer.
あなた	アサヒはいかがですか？	How about an Asahi?
お客様	それでいいわ	OK. I'll go with that.
あなた	どうぞ。グラスを持ってください。日本では、ほかの人が飲み物を注ぐときにはグラスを持つことになっています。	Here you are... Please hold your glass while I pour. Here in Japan, remember to lift your glass slightly when people offer you a drink.

お客様	あら、知らなかったわ	Oh, I didn't know that.
あなた	さあ、どうぞ。	Here you are.
お客様	どうも。	Thank you.

あなた	ウィスキーの味はいかがですか？	How's your whisky?
お客様	とてもおいしい。	It's very good.
あなた	お楽しみください。	Please enjoy it.

覚えたいフレーズ ●●

☐ ラストオーダーは何時ですか？
When's last orders?

☐ 11時がラストオーダーになっておりますがよろしいですか？
Last orders are at eleven. Will that be all right?

☐ おかわり、お作りしましょうか？
Shall I fix another?

☐ どんな味がお好みですか？
How would you like it?

☐ ドライで。
Please make it dry.

☐ 私のは甘口でお願い。
I prefer mine sweet.

☐ 次は何にしましょうか？
What would you like next?

☐ あなたに乾杯。
Here's to you.

☐ ドライワインの方が好きです。
I'd prefer a dry wine.

□ 何でも（どの銘柄でも）いいです。
Anything will do.

□ 彼はほろ酔いかげんです。
He is a bit tipsy.

単語 ●●

● 焼酎／a clear, distilled liquor
ア　クリア　ディスティルド　リカー

● おかわり／another
アナザー

● ロック／on the rocks
オン　ザ　ロックス

● ウイスキー水割り／whisky with water
ウイスキー　ウィズ　ウオーター

● おつまみ／snack/appetizer
スナック　アペタイザー

● ラストオーダー／last orders
ラースト　オーダーズ

● 立ち飲み屋／standing bar
スタンディング　バー

● カクテル／cocktail
コークテイル

● 濃い／強い（お酒）／strong/dry
ストロング　ドライ

● 甘口／sweet
スイート

● 薄い／weak
ウィーク

● アルコール度／degrees proof
ディグリーズ　プルーフ

03 寿司

🔊 51

あなた	ご注文をどうぞ？	Your order, please.
お客様	最初にさしみコースをください。	First, the sashimi course, please.
あなた	かしこまりました。	Certainly.
お客様	にぎりで、まぐろのトロをください。	Well, nigiri-zushi... fatty tuna, please.
あなた	はい、大トロにしますか？	Sure... Very fatty tuna?
お客様	そうします。	Yes, please.
あなた	こちらの女性には何を？	How about this lady?
	良い貝があります。	We have good shellfish.
お客様	貝がいいわ。	I prefer shellfish.
	とり貝か、ほたてかしら。	Maybe, cockles or scallop.
あなた	かしこまりました。	Certainly...
あなた	最後に巻き物をいかがですか？	Lastly, how about some makimono?
	おいしいですよ。	They are very nice.
	「鉄火巻き」とか「かっぱ巻き」とか？	A tuna roll or a cucumber roll?
お客様	「かっぱ巻き」にします。	A cucumber roll, please.

覚えたいフレーズ ●●

□ しょうゆです。 つけ過ぎないようにしてください。
　Shouyu, the soy sauce. Please don't dip it in too much.

□ これは、しょうがです。
　This is shouga, pickled ginger.

□ しょうがは、いろいろな寿司やさしみを食べるとき、□の中を
すっきりさせます。
The pickled ginger is for cleansing your mouth between the
different sushi and sashimi dishes.

□ しょうがとお茶は無料です。
The ginger and tea are free of charge.

□ 今は、「かつお」が旬です。
Bonito is in season now.

□ 春先から秋へかけて「さより」がおいしいです。
Sayori (Japanese halfbeak) is great from spring till autumn.

□ これはしょうゆなしで、そのまま召し上がれます。
Please eat this, as it is, without shouyu.

● すし／slice of raw fish on rice
bed
スライス　オブ　ローフィッシュ　オン　ライス　ベッド

● さしみ／slice of rawfish
スライス　オブ　ローフィッシュ

● すし定食／sushi set
スシ　セット

● さしみ定食／sashimi set
サシミ　セット

● おまかせ／chef's suggestion
シェフス　サジェスション

● お好み／sushi-a la carte/
sashimi-a la carte
アラカルテ

● ちらしすし／assorted raw fish
on rice
アソーテッド　ロー　フィッシュ　オン　ライス

● たまご焼き／layered, baked egg
レイヤード　ベークト　エッグ

● いなりすし／sushi-rice wrapped
in fried tofu
スシ　ライス　ラップド　イン　フライド　トーフ

● 太巻き／big roll
ビッグ　ロール

● 鉄火巻き／tuna roll
ツナ　ロール

● かっぱ巻き（きゅうり巻き）／
cucumber roll
キューカンバー　ロール

● カリフォルニア巻／Californian roll
キャルフォルニアン　ロール

● 赤身まぐろ／lean tuna
リーン　ツナ

● トロまぐろ／fatty tuna
ファッティ　ツナ

● 鯛／tai/sea bream
タイ／シー・ブリーム

● ひらめ／flounder
フラウンダ

- すずき／sea bass
  シー　バス
- かつお／bonito
  ボニート
- あなご／sea eel
  シー　イール
- うなぎ／eel
  イール
- さより／Japanese halfbeak
  ジャパニーズ　ハーフビーク
- いわし／sardine
  サーディーン
- さば／mackerel
  マクレル
- さけ／salmon
  サーモン
- さんま／sanma/saury/pike
  mackerel
  ソーリィ／パイク　マクレル
- あじ／horse mackerel
  ホース　マクレル
- こはだ／Japanese shad/gizzard
  shad
  ジャパニーズ　シャッド／ギザード　シャッド
- たこ／octopus
  オクトパス
- いか／squid/cuttlefish
  スクイッド／カトルフィッシュ
- はまち／young yellowtail
  ヤング　イエローテイル
- いくら／salmon roe
  サーモン　ロー
- うに／sea urchin
  シー　アーチン
- かずのこ／herring roe
  ヘリング　ロー
- ほっき貝／surf clam
  サーフ　クラム
- さざえ／turban shell
  ターバン　シェル

- えび／prawn
  プローン
- 甘えび／sweet prawn
  スイート・プローン
- めかじき／swordfish
  ソードフィッシュ
- かんぱち／amberjack
  アンバージャック
- あわび／abalone
  アバローニ
- あか貝／ark shell
  アーク・シェル
- ほたて貝／scallop
  スキャロップ
- とり貝／cockle
  コクル
- 青柳／red clam
  レッド・クラム
- はまぐり／clam
  クラム
- かれい／flatfish, plaice
  フラトフィッシュ／プレイス
- しゃこ／mantis shrimp
  マンティスシュリンプ

Salmon Roe

04 やきとり

あなた	やきとりはコースにいたしますか？ お好みにしますか？	Will you take the set course? Or order as you go?
お客様	コースとは何ですか？	What is the set course?
あなた	7種類のいろいろなやきとり料理です。	There'll be seven different kinds of yakitori, one after another.
あなた	もも肉、皮、もつなどです。	They include thigh, skin, and liver.
お客様	ああ、それがいいです。	Oh, that will do. I'll take the course.
あなた	タレにしますか？それとも塩で？	With sauce or salt?
お客様	タレにします。	Sauce, please.
あなた	やきとりの後、かまめしはいかがですか？	Would you also like a kamameshi after your yakitori.
お客様	どんな料理ですか？	What's that?
あなた	ご飯の上に具をのせて炊きます。具はサケ、タケノコ、貝柱などです。	It is a pot of warm rice with a topping. There's a choice of salmon, bamboo shoots or scallops.
あなた	具は何がいいですか？	Which would you like?
お客様	貝柱にします。	I'll have scallops.
あなた	かしこまりました。 10分ほどお待ちください。	All right. It will take about ten minutes.
あなた	お待たせしました。こちらです。	Thank you for waiting. Here you go!

☐ お好みにしますか？
Would you like to order a la carte?

☐ 自由にご注文ください。
Please order whatever you want.

☐ もも肉からどうぞ。
Please start with the thigh.

☐ 最初の1本です。
Have the first stick.

☐ 炭火で焼くので、脂肪が落ち、ぱりっとしています。
It's crispy... the fat drips off as it's grilled over the charcoal.

☐ 鶏の味わいを象徴します。
This is the taste of our bar.

☐ こちらが七味唐辛子です。
We call this shichimi. It's a hot blend of seven spices.

☐ こちらが山椒です。
This is a pepper made from prickly ash.

● やきとり／grilled chicken on skewers
グリルド　チキン　オン　スキュアーズ

● ささみ／chicken breast fillet
チキン　ブレスト　フィレ

● 胸肉／breast
ブレスト

● 手羽先／wing
ウィング

● もも肉／thigh
サイ

● 皮／chicken skin
チキン・スキン

● 手羽先焼き／grilled wing
グリルド・ウィング

● ワサビ／wasabi horseradish
ワサビ　ホースラディッシュ

● ハツ／heart
ハート

● ツクネ／chicken meatballs
チキン　ミートボールス

● ネギマ／skewered thigh meat with leek
スキュアド　サイミート　ウィズ・　リーク

● レバー／liver
レヴァ

● 砂肝／gizzard
ジザド

● 山椒／prickly ash peper
プリックリィ　アッシュ　ペッパー

● 七味唐辛子／hot blend of seven spices
ホット　ブレンド　オブ　セヴン　スパイシズ

● 備長炭／best quality charcoal
ベスト　クオリティ　チャコール

Leek and Chicken Thigh(Negima)

05 てんぷら

あなた	てんぷらはコースにいたしますか？	Will you take the set course?
	それともお好みにしますか？	Or order as you go?
あなた	コースは5種類の魚と野菜のてんぷらを順々に出します。こちらがメニューです。	The course is five different tempura of fish and vegetables one after another. Here's the menu.
お客様	えび、あなご、あゆなどですね	Oh... prawns, sea eel and sweetfish, and so on.
あなた	みそ椀とごはん、それにフルーツのデザートもついています。	And also, Miso soup, rice and fruit dessert.
お客様	それでは、コースにします。	Well, I'll take the course.
あなた	かしこまりました。そちらさまは？	Thank you. What about you?
お客様	同じものをお願い。	The same for me, please.
あなた	最初はえびです。どうぞ。	The first is prawn. Please enjoy (it).

覚えたいフレーズ ●●

☐ お好みにしますか？
Would you like to order a la carte?

☐ こちらが天つゆです。
This is sauce, please dip your tempura into it.

☐ こちらの大根おろしを天つゆの中に入れます。
Please put this grated daikon radish into the sauce.

☐ 塩だけで召し上がる方もおられます。
Some people like to eat tempura with only salt.

● てんぷら／deep-fried fish and vegetables in a coating batter
ディープ フライド フィッシュ アンド ヴェジタブルズ イナ コウティング バター

● えび／prawn
プローン

● あなご／sea eel
シィー・イール

● あゆ／ayu／sweetfish
アユ／スイート・フィッシュ

● いか／squid／cuttlefish
スクイッド／カトルフィッシュ

● しいたけ／shiitake mushrooms
シイタケ マッシュルームズ

● さつまいも／sweet potatos
スウィート ポテイトズ

● れんこん／lotus roots
ロータス ルーツ

● なす／eggplants（米）／aubergines（英）
エッグプランツ／オーバジンズ

● かきあげ／a bundle of mixed fish and vegetables
ア バンドル オブ ミックスド フィッシュ アンド ヴェジタブルズ

● 突出し／appetizer
アピタイザー

● 大根おろし／grated daikon radish
グレイテッド ダイコン ラディッシュ

● 山椒／Japanese pepper
ジャパニーズ ペッパー

● お新香／pickled vegetables
ピクルド ヴェジタブルズ

● みそ椀／miso soup／soybean soup
ミソスープ／ソイビーン・スープ

Prawns

Ramen Shop
06 ラーメン

🔊 54

あなた	当店は1954年から営業しており、ラーメンの味と値段は変わりません。	We have never changed the taste or price of ramen noodle soup even once since opening in 1954.
お客様	ほかにどんな料理があるのですか？	And what else do you have on the menu?
あなた	ラーメンにワンタンを入れたワンタン麺があります。	There's wonton-men, that's ramen noodle soup plus wonton pork dumplings.
お客様	それでは、ワンタン麺をください。	Well, I'll have the wonton men.

覚えたいフレーズ ●●

☐ ラーメンに小エビと野菜を加えた五目ラーメンもできます。
We also serve ramen noodle soup with a mixed topping of shrimps and vegetables.

☐ 味は、しょうゆ、みそ、塩の3種類です。
There are three options for the broth: soy, miso or salt.

☐ 満席ですので少しお待ちいただけますか？
Could you wait a little? All the tables are taken.

☐ すみません。 席を詰めていただけますか？
Sorry. Could you move up a little?

☐ お待ちどうさま！
Here you are!

☐ 販売機で食券をお求めください。
Please buy your meal tickets from the machine.

□ お水はそちらの給水機からどうぞ。
Please serve yourself with water from the machine.

□ 熱いですから気をつけて。
Be careful. It's hot.

単語 ●●

● ラーメン／ramen noodle soup
ラーメン　ヌードル　スープ

● しょうゆ味／flavored with
shoyu, the Japanese soy
sauce
フレイヴァード ウィズ　ショウユ　ザ　ジャパニーズ　ソ
イソース

● みそ味／flavored with miso, the
fermented soybean paste
フレイヴァード　ウィズ　ミソ　ザ　ファーメンテッド
ソイビーン ペイスト)

● 塩味／flavored with salt
フレイヴァード　ウィズ　ソールト

● とんこつ味／flavored with a
pork bone broth
フレイヴァード　ウィズ　ア　ポークボーン　ブラス

● ワンタン／wonton pork
dumplings in a warm soup
ウオントン　ポーク　ダンプリングス　イナ　ウォーム
スープ

● ワンタン麺／ramen noodle
soup with wonton pork
dumplings
ラーメン　ヌードル　スープ　ウィズ ウオントン　ポーク
ダンプリングズ

● 五目ラーメン／ramen noodle
soup with a topping of
shrimps and vegetables
ラーメン　ヌードル　スープ　ウィズ　ア　トッピング
オブ　シュリンプス　アンド　ヴェジタブルズ

● シューマイ／steamed pork
dumplings
スティームド　ポーク　ダンプリングズ

07 大衆食堂

基本の会話

飲食業

販売業

旅行・交通他ほか

お客様	牛キムチクッパをください。	I'll have the beef and kimchi gukpap.
あなた	人気商品をどうも。	Thank you. That's a popular choice.
お客様	ロー・カロリーだね。	And low calorie, right?
あなた	ええ、普通の牛丼の6割程度で、自家製キムチです。	Yes, about 60 percent less than the regular beef and rice bowl. With our own kimchi.
お客様	それはいいや。	That sounds good.
別のお客様	納豆定食をください。	The natto meal, please.
あなた	ハムエッグをつけますか?	Would you like a fried egg and slice of ham with it?
お客様	ええ、いくらになるのでしたっけ?	Ah, how much will that be?
あなた	50円増しで、全部で400円です。	Fifty extra yen, making four hundred yen in all.
お客様	では、それをください。	Okay, please.

● 牛丼／beef and rice bowl/beef on a bowl of rice
ビーフ　アンド　ライス　ボール　ビーフ　オナ　ボウル　オブ　ライス

● 牛キムチクッパ／kimchi gukpap /a beef and rice dish served with hot pickled cabbage
キムチ　グックパック／ア　ビーフ　アンド　ライス　ディッシュ　サーブド　ウィズ　ホット　ピックルド　キャベッジ

● 納豆定食／natto meal
ナットウ　ミール

● 納豆／fermented soybeans
ファーメンテッド　ソイビーンズ

● ハムエッグ納豆定食／natto meal with fried egg and ham
ナットウ　ミール　ウィズ　フライド　エッグ　アンド　ハム

● 焼魚定食／grilled fish meal
グリルド　フィッシュ　ミール

● 自家製／our own
アワ　オウン

● オリジナルスープ／original broth
オリジナル　ブロス

Fried Eggs

08 そば

🔊56

| あなた | おそばは何を差し上げましょうか？ 冷たいものでも温かい汁でも。 | How would you like your soba noodles?　Cold or in a bowl of warm soup? |

お客様: 私は冷たいそばにします。
I'll take them cold, please.

あなた　冷たいそばは、ざる（もり）と言います。
特製の品質の優れたせいろもあります。
We call it zaru or mori soba when served this way.
There is also a high-quality version called seiro.

お客様: ええと、普通のそばにします。
Well, the regular one will be fine.

あなた　女性の方は？
And what about you, madam?

お客様　私はざるを。
I think I'll have zaru, please.

あなた　かしこまりました。
Okay.

覚えたいフレーズ

□ 温かいのと冷たいのと、どちらにしますか？
Would you like it hot or cold?

□ せいろ2人前にします。
I'll have two portions of seiro.

□ お茶でよろしいですか？ それとも、お水にしますか？
Would you care for some tea or water?

□ これがそばつゆです。ネギとワサビを入れてください。
This is the dip. You mix your wasabi and chopped leek into it.

□ そばつゆの中へ入れて、お召し上がりください。
Dip the soba noodles in and have a taste.

□ 冷やしそうめんは、夏しかありません。
We only serve somen, the thin cold noodles, in summer.

□ そばは、そば粉のヌードルです。
Soba translates as buckwheat noodles.

□ うどんは、小麦粉のヌードルです。
Udon is noodles made from wheat flour.

□ 何でもいいから人気のある料理をください。
I'll take anything that's popular.

□ 鶏そばにします。
I'll have the noodles in the warm soup with chicken.

単語 ●●

●そば／soba noodles
ソバ ヌードルズ

●うどん／udon noodles
ウドン ヌードルズ

●そうめん／somen noodles
ソーメン ヌードルズ

●もりそば／mori-soba cold
noodles
モリソバ コールド ヌードルズ

●ざるそば／zaru-soba cold
noodles topped with a
sprinkling of dried seaweed
ザルソバ コールド ヌードルズ トップド ウィザ
スプリンクリング オブ ドライド シーウィード

●せいろ／seiro high quality cold
noodles
セイロ ハイ クアリティ コールド ヌードルズ

●かけそば／kake-soba noodles in
a plain soup
ヌードルズ イナ プレイン スープ

●そば汁／soba soup
ソバ スープ

●そば湯／soba cooking water
ソバ クッキング ウォーター

●ワサビ／wasabi/Japanese
horseradish
ジャパニーズ ホース ラディッシュ

●ネギ／Japanese leek
ジャパニーズ リーク

●きつねそば／soba with fried
tofu topping
キツネ ソバ ウィズ フライド トーフ トッピング

●たぬきそば／soba with tempura
batter topping
ソバ ウィズ テンプラ バッター トッピング

●てんぷらそば／soba with
tempura topping
ソバ ウィズ テンプラ トッピング

●天ざる／zaru-soba with
tempura
ザルソバ ウィズ テンプラ

基本の会話

飲食業

販売業

旅行・交通他ほか

Cold Noodles

09 中華料理店 57

お客様	今日のお勧めは何ですか？	What are today's specials?
あなた	1つは車エビのチリソース煮です。	One is braised prawns in chilli sauce.
	今日はとてもいいエビが入っています。	We have very good prawns today.
お客様	オーケー、それにします。	OK, I'll have them.
あなた	コース定食もお勧めです。旬の海産物、肉類、野菜など取り合わせています。3種類、4種類、5種類のものがあります。	Also, we recommend our set courses. We have chosen the season's best sea food, poultry and vegetables. There are three dish, four dish, and five dish menus.
お客様	私は4種のにします。	I'll take the four dish menu, then.
あなた	とても良いものです。	That's a good choice.
別のお客様	私は5種をお願いします。	I'll have the five dish one.

覚えたいフレーズ

☐ 今日のお勧めを申し上げます。
Now, our recommendations for today.

☐ サイド・ディッシュはいかがですか？
How about some side dishes?

☐ サラダを別にお持ちしました。
Here is your side salad.

☐ 蒸すことも、焼くことも、フライにもできます。
We serve them steamed, grilled or deep-fried.

単語 ●●

● 車エビのチリソース煮／braised prawns in chili sauce
ブレイズド　プローンズ　イン　チリソース

● クリスピーチキン／spicy chicken
スパイシイ　チキン

● チンジャオロース／stir-fried beef and vegetables
スティア　フライド　ビーフ　アンド　ベジタブルス

● 酢豚／sweet and sour pork
スフィート　アンド　サワー　ポーク

● 肉団子／meat balls
ミートボールズ

● 肉まん／steamed meat bun
スティームド　ミート　バン

● シュウマイ／steamed pork dumplings
スティームド　ポーク　ダンプリングズ

● 餃子／pan-fried meat dumplings
パン　フライド　ミート　ダンプリングズ

● ふかひれのスープ／shark's fin soup
シャークス　フィン　スープ

● くらげの冷菜／chilled jelly fish
チルド　ジェリイ　フィッシュ

● あわびのクリーム煮込み／braised abalone in cream sauce
ブレイズド　アバローニ　イン　クリームソース

● かにたま／egg fu-young／Chinese crab-meat omelet
エッグ　フーヤング／チャイニーズ　クラブミート　オムレット

● 八宝菜／stir-fried pork, seafood and vegetables
スティア　フライド　ポーク　シーフード　アンド　ベジタブルズ

● 鶏の唐揚げ／deep-fried chicken
ディープ　フライド　チキン

● マーボー豆腐／tofu and minced beef simmered in hot sauce
トウフ　アンド　ミンスド　ビーフ　スィマード　イン　ホットソース

● 五目野菜炒め／stir-fried mixed vegetables
スティア　フライド　ミックスド　ヴェジタブルズ

● 五目焼きそば／stir-fried noodles with pork, seafood and vegetables
スティア　フライド　ヌードルズ　ウイズ　ポーク　シーフード　アンド　ヴェジタブルズ

● エビ入りつゆそば／noodle soup with shrimps
ヌードル　スープ　ウィズ　シュリンプス

● チャーハン／fried rice
フライド　ライス

● 飲茶／dim sum
ディム　サム

● かゆ／rice porridge
ライス　ポリッジ

Baked Meat Dumplings

10 居酒屋

あなた	お飲物からご注文をいただけますか?	Would you like to order your drinks?
お客様	そうだな。まずは、びんのビールを3本。それから、つまみは何か発酵食のようなものを。	Well, three bottled beers first. Then, for the appetizer, do you have something fermented?
あなた	はい、納豆がありますが。	We have natto, fermented soybeans, and...
お客様	じゃあ、納豆にしよう。	Okay, let's eat natto.
あなた	わかりました。サラダは別にお持ちします。お料理は、どうされますか?おすすめはサシミ盛り合わせとつけもの盛り合わせです。	Thank you. There will be side salad as well. What about the main dishes? Today's recommendations are a sashimi platter,and an assortment of pickled vegetables.
お客様	では、サシミ盛り合わせとつけもの、それに梅干し入り焼酎をお湯割りで。	Then we'll have the sashimi platter and the pickled vegetables, please. And shochu with hot water and pickled plums.

覚えたいフレーズ

☐ 何か温かいものをお持ちしましょうか。
Would you have something warm?

☐ ほかの料理は後で注文します。
We'll order some other food later.

□ もっと値段の安い料理はありますか？
Do you have something less expensive?

□ もう少しお飲物はいかがですか？
Would you like some more drinks?

□ このお飲物はサービスです。
These drinks are on the house.

□ 飲み放題は2時間以内でお願いします。
You can drink as much as you like for two hours.

□ 食べ放題は2時間です。
It's all you can eat for two hours.

単語 ●●

● 飲み放題／all you can drink
　オール　ユー　キャン　ドリンク

● 食べ放題／all you can eat
　オール　ユー　キャン　イート

● 生ビール／draft beer
　ドラフト　ビア

● 缶ビール／canned beer
　キャンド　ビア

● びんビール／bottled beer
　ボトルド　ビア

● 地ビール／local beer
　ローカル　ビア

● 日本酒／sake
　サケ

● 焼酎／shochu/a clear, distilled liquor
　ア　クリア　ディスティルド　リカー

● ソフトドリンク／soft drinks
　ソフト　ドリンクス

● 郷土料理／local dish
　ローカル　ディッシュ

● 納豆／natto/fermented soybeans
　ファーメンテッド　ソイビーンズ

● つけもの／pickled vegetables
　ピクルド　ベジタブル

● 梅ぼし／pickled plums
　ピクルド　プラムズ

● 枝豆／boiled soybeans
　ボイルド　ソイビーンズ

● おさしみ盛り合わせ／sashimi platter
　サシミ　プラター

● 揚げもの／deep fried dishes
　ディープ　フライド　ディッシュス

● おにぎり／onigiri/rice balls
　ライス　ボールズ

Column

食材を調理する言葉（動詞）

- 料理する（一般的に）／cook
- （油で）揚げる／deep-fry
  - →deep-fried chicken（トリの唐揚げ）
- フライパンでいためる／pan-fry
  - →fried egg（卵焼き）
- 中華鍋でいためる／stir-fry/wok-fry
  - →fried rice（チャーハン）
- ソテーする／sautee
  - →sauteed pork, seafood and vegetables（八宝菜）
- （オーブンで）焼く／bake
  - →baked apple（焼きリンゴ）
- （炭火の上などで）焼く／grill/broil
  - →grilled fish（焼き魚）
- ゆでる／boil
  - →boiled egg（ゆで卵）／boiled soybeans（枝豆）
- アクをとる／skim the scum, skim the broth

- 蒸気でゆでる／steam
  - →steamed sweet-potato（ゆでさつまいも）
- 煮る／braise
  - →braised vegetables（野菜の煮込み）
- （ことこと）煮る／simmer
- （シチューを）煮る／stew
- バーベキューする／barbecue
- マリネする／marinate
  （長時間にわたって酢や油などにつける）
- ローストする／roast
  - →roasted chicken（ローストチキン）
- 炎でフランベする／flame
- トーストする（パンなどを）／toast
- 電子レンジで温める／microwave/heat up
- 小麦粉をまぶした／floured
- パン粉をまぶした／breaded

食材を加工する言葉（動詞）

- 混ぜる／mix
- 振りかける／sprinkle
- （水などを）注ぐ／pour
- 水を切る／drain
- すすぐ／rinse
- 加える／add
- 組み合わせる／combine

- （バターなどを）塗る／spread
- （野菜や果物の皮を）むく／peel
- （レモンなどを）搾る／squeeze
- （チーズ、大根、しょうがなどを）おろす／grate
- （肉／野菜などを）スライス状に切る／slice

- （肉／野菜などを）細かく刻む／chop
- （野菜などを）さいの目に切る／dice
- 冷やす／chill
- 濃くする、濃くなる／thicken
- 蓋をとって／uncovered
- とっておく／reserve

汁の種類（名詞）

- soup／一つの料理として存在するもの
- sauce／後で味をつけるもの
- broth／料理のベースになるもの

味や温度（形容詞）

- warm／温かい
- cold／冷たい
- good, delicious, fine, nice／おいしい
- bad, not good, poor, terrible／まずい
- sweet／甘い
- hot／からい

- strong, thick／濃い
- weak, watery／薄い
- mild, smooth, mellow／まろやか
- salty／塩辛い
- sour, acid, tart／すっぱい
- funny／おかしな、変な

11 回転寿司

あなた	何でもお好きなものを お取りください。	Just take whatever you want.
お客様	あのマグロがよさそうだ。	That tuna one looks good.
お客様	私はこのエビにする。	I'll take this shrimp one.
あなた	ほかのものもおつくりします。 言ってください。	We'll make anything you want. Just name it.
お客様	アナゴありますか？	Do you have sea eel?
あなた	いいのがあります。これをどうぞ。	We have very good sea eel. Here you are.
お客様	みそ汁もらえますか？	May I have some miso soup?
あなた	問題ありません。	No problem.

覚えたいフレーズ ●●

☐ 何でもお好きなものをお取りください
Just take whatever you want.

☐ 何でも言ってください。おつくりします。
Anything you wish. We'll make it.

☐ わさびを抜きますか？
Without radish?

☐ お茶は、そちらのティーバッグでどうぞ。
Please use these tea bags.

☐ お寿司はお皿の模様で値段が違います。
You can tell the price from the color or shape of the dish.

☐ イクラ2カンで300円です。
Two servings of salmon roe will be 300 yen.

□ 本日は、イキのいいマグロが入荷しています。
　We have good fresh tuna in today.

□ 本日のおすすめはサンマのにぎりです。
　We're recommending the Pacific saury on rice today.

単語

● にぎり／nigiri／ordinary sushi on a bed of rice
　オーディナリ　スシ　オン　ア　ベッド　オブ　ライス

● しょうが／pickled ginger
　ピクルド　ジンジャー

● 2カン／two servings
　トゥ　サーヴィングズ

● とれたて／just caught／freshly caught／just in
　ジャスト　コート／フレッシュリー　コート／ジャスト　イン

● 時価／current price
　カレント　プライス

● 湯呑み／tea cup
　ティー　カップ

● 皿／dish
　ディッシュ

Dish

12 デリカテッセン 🔊60

お客様	今夜、家でパーティをするので、食前のおつまみを買いたいのですが。料理はパエリアですけど。	I'm giving a party tonight at home, and I will need some appetizers before dinner. The main dish is going to be paella.
あなた	そうですね。何人様ですか？	How many people are coming?
お客様	大体7人から10人ほどです。	Well, seven to ten.
あなた	ご予算としては？	What's the budget for the appetizer, may I ask?
お客様	10,000円ほどでは。	Well, around ten thousand yen...
あなた	パエリアは魚介類が中心ですから、おつまみとしては、エスカルゴ、パテデカンパーニュ、ローストビーフ、クリスピーチキン、それに野菜、ポテトサラダやグリーンサラダなどいかがでしょうか？	Paella is mainly fish, so how about escargots, pate de Campagne, roast beef, spicy chicken, and some vegetables such as a potato salad and a green salad.
お客様	ああ、それでいい。	That sounds good.
あなた	あとは、デザートの前にチーズが何種類かあれば、よろしいでしょう。	Well then, some cheeses, before the dessert.

◉パエリア／paella
　パレラ

◉スモークサーモン／smoked salmon
　スモークド　サーモン

◉キーマカレー／kheema curry
　キーマ　カリー

◉ビーフカレー／beef curry
　ビーフ　カリー

◉ビーフシチュー／beef stew
　ビーフ　スチュー

◉ハンバーグステーキ／hamburger steak
　ハンバーガー　ステイク

◉鶏レバーの赤ワイン煮／chicken lever braised in red wine
　チキンレバー　ブレイズド　イン　レッドワイン

◉砂肝のスモーク／smoked gizzard
　スモークト　ギザード

◉中華サラダ／salad with a Chinese dressing
　サラッド　ウィザ　チャイニーズ　ドレッシング

◉ピザ／pizza
　ピッツァ

◉スパゲッティサラダ／spaghetti salad
　スパゲティ　サラッド

◉ポテトサラダ／potato salad
　ポテイト　サラッド

◉ローストビーフ／roast beef
　ロウスト　ビーフ

◉クリームコーンスープ／cream of corn soup
　クリーム　オブ　コーン　スープ

◉サラミ／salami
　サラミ

◉ロースハム／ham made from porkloin
　ハム　メイド　フロム　ポークロイン

◉エビグラタン／shrimp au gratin
　シュリンプ　オー　グラタン

Hamburger Steak

第3章

販売業
Retail Business

覚えておきたい販売業の接客フレーズ

案内

□ 当店で最高の製品です。
　This is one of our best products.

□ この製品はいかがですか？
　What about this product?

□ これをお勧めしたいです。
　I'd like to recommend this.

□ この秋の新作です。
　It's new for this autumn.

□ 入荷したばかりです。
　It's just arrived.

□ 当店は 10 時から 8 時まで営業しています。
　We are open from ten AM to eight PM.

□ 当店は 24 時間営業です。
　We are open twenty-four hours.

□ 当店は水曜が休みです。
　We close on Wednesdays.

□ 営業時間は 9 時から 5 時までです。
　We open at nine, and close at five.

□ お手洗いは 2 階にあります。
　The rest rooms are on the second floor.

□ お手洗いはあちらです。
　The rest rooms are over there.

□ 何か特別のものをお探しでしょうか？
　Are you looking for something special?

□ 別のものをお見せしますか？
　May I show you another one?

□ 寸法をとらせていただけますか？
　May I take your measurements?

□ あなたのサイズをお願いします？
　What's your size, please?

□ どんな色がお望みですか？
　What color would you like?

□ もう少し安いものもございます。
　We do have something less expensive.

□ お気に召しましたか？
　Do you like it?

□ どうぞ、お試しください。
　Please try it on.

□ よくお似合いです。
　It fits you perfectly.

□ ほかの色もあります。
　We have different colors.

□ 私にははで過ぎます。
　It's too flashy for me.

□ あなたにはじみです。
　It's rather quiet.

□ ほかのをお見せします。
　I'll show you another one.

□ 品切れでございます。
　I'm sorry, but it's out of stock.

□ 在庫を調べてまいります。
　I'll check the stocks.

□ あるかどうか調べてきます。
　I'll check to see if we have any.

□ 最近このタイプが売れています。
　This type is selling quite well these days.

□ 品質の点ではご心配はありません。
　You can be assured of the quality.

☐ これは贈り物ですか？
Is this a gift?

☐ ギフト用にお包みしますか？
Would you like it gift-wrapped?

☐ 箱に入れますか？
Shall I put it in a box?

☐ 箱代を200円いただきます。
The box will be two hundred yen.

☐ これは無料です。
This is free.

☐ お安くしておきます。
We'll give you a good price.

☐ こちらでできる最低の価格です。
This is the best price.

☐ これ以上安くはできません。
We can't make it any lower.

☐ これはバーゲン価格です。
It's a bargain price.

☐ キャンペーン期間でございます。
We're having a campaign.

☐ お名前と連絡先をいただけますか？
May I have your name and address?

会計 🔊 62

☐ ポイントカードをお持ちですか？
Do you have a loyalty card?

☐ お支払いはどうされますか？ 現金ですか、カードですか？
How are you going to pay? Cash or credit card?

☐ お勘定は6,500円です。
That will be six-thousand and five hundred yen.

☐ サービス料と税金込みです。
That includes the service charge and tax.

☐ こちらが領収書です。
Here's the receipt.

☐ 3,500 円でございます。
It will be three-thousand (and) five hundred yen.

☐ 10,000 円お預かりします。
Ten thousand yen.

☐ 30 円のおつりです。
Here is thirty yen in change.

☐ 50 円足りません。
That will be another fifty yen.

☐ あと 500 円ですね。はい。
And another five hundred yen. Here you are.

☐ 1000 円札をいただきました。5,000 円札ではありません。
You gave me one thousand yen, not a five thousand.

☐ これは税金込みの値段です。
That's the price with tax.

☐ お買い物はすべてでしょうか？
Will that be all?

☐ 1 キロで 600 円です。
Six hundred yen per kilo.

☐ クレジットカードは受け取りません。
We don't take credit cards.

☐ クレジットカードが使えます。
We take credit cards.

☐ クレジットカードは使えますか？
Do you take credit cards?

☐ どのクレジットカードでも使えます。
We take any credit card.

☐ 一括払いにいたしますか？
Paying all at once?

□ 何回払いに？
How many installments?

□ 申しわけありませんが、小切手は受け取りません。
I'm sorry. We don't accept checks.

□ 勘定をお願いします。
I'll pay you now, please.

□ レジでお願いします。
Please pay at the cash desk.

□ テーブルでお支払いください。
Please pay at the table.

□ 領収書を差し上げますか？
Would you like a receipt?

□ 支払いは別々にします。
Separate bills (checks), please.

□ お勘定をさせていただきましょうか？
Shall we settle the bill (check) now?

□ 会計は別々になさいますか？
Would you like to pay separately?

別れぎわ
◀)) 63

□ どうもありがとうございました。
Thank you very much.

□ よくおいでくださいました。
Thank you for coming.

□ お知り合いになれて嬉しいです。
It's been a pleasure to meet you.

□ こちらが私の名刺です。いつでもご連絡を。
This is my card. Please feel free to contact me at anytime.

□ 近くお目にかかれることを楽しみにしております。
We look forward to seeing you again soon.

□ 楽しい一日をどうぞ。
　Have a nice day.

□ お気をつけて！お大事に。
　Please take care of yourself.

□ また、どうぞ。
　Please visit us again.

□ 足下に気をつけて。
　Mind your step.

□ お客様、お待ちください。お忘れ物です。
　Sir, wait a minute. You have forgotten something.

□ お会いできてよかったです。
　It was nice to meet you.

□ ご幸運を。
　Good luck to you.

□ いつも、どうもありがとう。
　Thanks again.

あなた	本日は特売日でございます。	We have a special sale today.
お客様	何が目玉商品ですか？	What are you recommending today?
あなた	精肉、鮮魚、野菜、果物のコーナーの商品が表示価格より5％引きになっております。	We have a five percent discount for meat, fish, vegetables and fruits.
お客様	それは良かったわ。	Well, that's nice.
あなた	有機栽培品のコーナーもございます。	We have a section for organic vegetables.
お客様	ところで、キャットフードはどの通路でしたっけ？	By the way, where can I find cat food?
あなた	あそこの左から2番目の通路です。	It's there on the second aisle from the left.
	こちらへどうぞ。	Please come with me.

覚えたいフレーズ ••

☐ 冷蔵食品のコーナーは右の奥です。
The frozen foods are at the back to the right.
("to the right" = 右寄り　"on the right" = 右側)

☐ ご進物ですか？　包装いたしますか？
Is this a gift? Shall I gift-wrap it?

☐ 冷蔵庫で2週間はもちます。
It will keep for two weeks in the fridge.

☐ 野菜の鮮度には自信があります。
Our vegetables are all fresh.

☐ どうぞ、ごゆっくり！
Enjoy your shopping!

単語 ●●

● レジ／cash register/till
キャシュ　レジスター／ティル

● カート／shopping cart
ショッピン　カート

● かご／basket
バスケット

● ビニール袋／plastic bag
プラスティック　バッグ

● 紙袋／paper bag
ペイパー　バッグ

● 通路／aisle
アイル

● 棚／shelf
シェルフ

● リンゴ／apples
アプルズ

● イチゴ／strawberries
ストロベリーズ

● スイカ／watermelons
ウオーターメロンズ

● メロン／melons
メロンズ

● ミカン／mandarin oranges
マンダリン　オーレンジズ

● さくらんぼ／cherries
チェリーズ

● パイナップル／pineapples
パイナプルズ

● レモン／lemons
レモンズ

● グレープフルーツ／grapefruits
グレイプフルーツ

● アボカド／avocados
アボカドズ

● バナナ／bananas
バナナーズ

● ぶどう／grapes
グレイプス

● 柿／persimmons
パーシモンズ

● 大根／daikon radishes
ダイコン　ラッディッシュズ

● ニンジン／carrots
キャロッツ

● なす／eggplants（米）/
aubergines（英）
エッグプランツ／アーバジンズ

● きゅうり／cucumbers
キューカンバーズ

● ほうれん草／spinach
スピナッチ

● 豆類／beans
ビーンズ

● たまねぎ／onions
オーニオンズ

● にんにく／garlic
ガーリック

● ショウガ／ginger
ジンジャー

かぼちゃ／pumpkins
パンプキンズ

かぶ／turnips
ターニップス

クレソン／watercress
ウオータークレス

セロリ／celery
セロリー

白菜／Chinese cabbage
チャイニーズ　キャベッジ

ゴボウ／burdock roots
バードック　ルーツ

タケノコ／bamboo shoots
バンブー　シューツ

レンコン／lotus roots
ロウタス　ルーツ

ピーマン／green peppers
グリーン　ペパーズ

もやし／bean sprouts
ビーン　スプラウツ

いんげん／green beans
グリーン　ビーンズ

サヤエンドウ／garden peas
ガーデン　ピーズ

そら豆／broad beans
ブロード　ビーンズ

さつまいも／sweet potatoes
スイート　ポテイトズ

じゃがいも／potatoes
ポテイトズ

ネギ／Japanese leeks
ジャパニーズ　リークス

トマト／tomatoes
トマートズ

アスパラガス／asparagus
アスパラガス

キャベツ／cabbage
キャベッジ

レタス／lettuce
レタス

しいたけ／shiitake mushrooms
シイタケ　マッシュルームズ

カリフラワー／cauliflower
カウリフラワー

Shopping
Cart

02 コンビニ

65

あなた	お弁当1つ。ミルク1つ、アイスクリーム2つ、これで全部ですね?	One boxed lunch. One milk. And two ice-creams. Will that be all?
お客様	これで全部です。	Yes.
あなた	750円です。お弁当を温めますか?	Seven hundred fifty yen, please. Shall I warm the boxed lunch?
お客様	ええ、お願いします。ところで、ワインはありますか?	Yes, please. By the way, do you sell wine?
あなた	すみません。ワインやビールはありません。	I'm sorry, We don't sell wine or beer.
お客様	それは残念。	I'm sorry, too...
あなた	また、どうぞ!	See you again!

覚えたいフレーズ

☐ 新聞はそちらにあります。
The newspapers are over there.

☐ 本日 10 時には入ると思います。
It'll come in at ten am today.

☐ その雑誌は置いてありません。
We don't sell that magazine.

☐ ポイントカードはお持ちですか?
Do you have our loyalty card?

☐ そちらの電子レンジをお使いください。
Please use that microwave oven.

● 電子レンジ／microwave oven
マイクロウエーブ　オヴン

● コピー機／copier/photocopier
コピアー　フォトコピアー

● オレンジジュースひとびん／bottle
of orange juice
ボトル　オブ　オーレンジ　ジュース

● パスター包み／packet of pasta
パケット　オブ　パスター

● チョコレート一箱／box of
chocoletes
ボックス　オブ　チョコレーツ

● 牛乳／carton of milk
カートン　オブ　ミルク

● ハチミツのびん／jar of honey
ジャー　オブ　ホネイ

● 歯磨きのチューブ／tube of
toothpaste
テューブ　オブ　ツースペイステ

● ノート／notebook
ノウトブック

● 消しゴム／eraser
イレイザー

● 雑誌／magazine
マガジン

● ポイントカード／loyalty card
ローヤリティ　カード

Carton of Milk

03 紳士服

お客様	スーツを探しているのですが。	I'm looking for a suit.
あなた	何色のものがよろしいですか？	What color would you like?
お客様	茶色のものはありますか？	Do you have this in brown?
	あとはグレイでもいい。	And a gray one, maybe.
あなた	お客様のサイズでしたら、	I think these two racks are
	このラックにあると思います。	in your size.
あなた	それはいいですね。	This is a nice suit.
	気に入られましたか？	Do you like it?
	ズボンをはいてごらんになりますか？	Would you like to try the trousers on?
お客様	合いますか？	Do you think it will fit me?
あなた	サイズはぴったりです。	It's exactly your size.
	お似合いです。	It will look good on you.
お客様	いくらですか？	How much is it?
あなた	47,000円でございます。	It's forty-seven thousand yen.
お客様	もう少し安いのはありませんか？	Do you have anything less expensive?
あなた	残念ですが、これが一番安いものでございます。	I'm afraid this is our cheapest one.

覚えたいフレーズ ●●

☐ これはとてもよいスーツです。
This is a very nice suit.

☐ 茶色のものがございます。
We have the brown one.

□ ご自分のサイズをご存じですか？
Do you know your size?

□ 色違いのものは、ありますか？
Do you have some different colors?

□ もう少し安いのがあります。
We have something less expensive.

□ もう少し高いのはありますか？
Do you have something a little more expensive?

□ もっと大きいサイズがあります。
We have a larger size.

単語 ●●

● ビジネス向き／businesslike
ビジネスライク

● スポーティな／sporty
スポーティー

● カジュアルな／casual
カジュアル

● 上着／jacket
ジャケット

● ズボン／trousers
トローザース

● ネクタイ／tie
タイ

● ワイシャツ／shirt
シャート

Businesslike

04 婦人服

🔊 67

お客様	このドレスが気に入ったわ。	I like this dress very much.
あなた	きれいです。とても良いドレスです。ブランドものです。とてもお似合いです。	It's beautiful. It's a lovely dress. It's a designer brand. It suits you very well.
お客様	そうかしら？	Do you think so?
あなた	少しのお直しが必要ですが。	But we'll have to adjust it slightly.
お客様	直すのに何日かかるのですか？	How long will the alterations take?
あなた	ええと。	Well.
お客様	金曜までにできますか？	May I have it by Friday?
あなた	通常はお直しに3日いただいておりますが、どうしてもお望みでしたら、金曜までにご用意いたします。	It usually takes three days. But if it's absolutely necessary, we can have the dress ready for Friday.

覚えたいフレーズ

□ ご自分のサイズはおわかりになりますか？
Do you know your size?

□ お測りしましょうか？
Shall I measure you for size?

□ どうぞお試しください。
Please try it on for size.

□ スカートは単品でもお売りします。
You can just buy the skirt.

□ もう少し大きいのでしたらございます。
We have a bigger size.

縦書きタブ：基本の会話／飲食業／販売業／旅行交通ほか

☐ こちらは、今年の流行色です。
This one's in this year's color.

☐ ブランド品は2階にあります。
Designer brands are on the second floor.

☐ バーゲンセールは来週です。
We're having a sale next week.

☐ 少し前にありましたので、見てまいります。
We had one a short while ago. Let me go and see.

☐ このドレスは、まだあるかもしれません。
We may still have that one.

☐ 赤はありますか？
Do you have it in red?

☐ 寸法はいいですか？
Will it fit?

☐ 少しお直しが必要かもしれません。
It might need some slight alterations.

☐ お客様のサイズです。
It is just your size.

☐ 直しはどれくらいの時間がかかるの？
How long will the alterations take?

☐ お直しは3日かかります。
The alterations will take three days.

単語 ●●

● ブランド品／designer brand
デザイナー　ブランド

● 直し／alterations
オルタレイションズ

● 今年の流行色／this year's color
ジスイヤーズ　カラー

● 模様／pattern
パターン

● 毛皮／fur
ファー

● 素材／fabric
ファブリック

● 肩幅／shoulder width
ショウルダー　ウィドス

● 袖／sleeve
スリーヴ

Lovely Dress

05 レコード店

お客様	音楽が好きなので、いろいろな国を訪れたとき、このような店に来ています。	I love music. So when I travel overseas, I always come to stores like this to buy records.
あなた	音楽は世界の言葉です。あらゆる種類の音楽が揃っています。クラシックからジャズでも、アナログLPでもCDでも。日本伝統の音楽もありますよ。	Music is a universal language. We have every kind of music, from classical music to jazz, and from CDs to analog LPs. We also have traditional Japanese music.
お客様	それは、よかった。外国人へのおすすめのものは？	That's great. What would you recommend to foreigners?
あなた	そうですね。これはいかがですか？日本の民謡をジャズにしたもので、とても人気があります。	Let me think. How about this? It's the jazz version of Japanese folk songs, and it's very popular.
お客様	ああ、このアナログLPはありますか？	Well, do you have it as an analog LP?
あなた	ちょうど、このLPが発売されました。お聴きになりますか？	The new LP version has just come out on the market. Would you like to listen to it?
お客様	お願いします。とても気に入りました。東京へ来たよい記念になります。いくらですか？	Please. I like it very much. It will remind me of my visit to Tokyo. How much is it?
あなた	ありがとうございます。2枚組で2000円です。	Thank you. It's the two LP set. Two thousand yen.

■ 覚えたいフレーズ ●●

□ これはベートーヴェンの交響曲 5 番の新しい録音で、
私の大好きな曲です。
This is a new recording of Beethoven's Symphony No 5.
It's one of my favorites.

□ どんな種類の音楽が一番好きですか？
What kind of music do you like the best?

□ デキシーランド 'ジャズが大好きです。
I love Dixieland Jazz.

□ 来月、彼の新アルバムがリリースされます。
とても楽しみです。
His new album will be released next month. I'm looking
forward to listening to it.

●作曲者／composer
コンポーザー

●交響曲／symphony
シムフォニー

●ピアノ協奏曲／concerto for piano
コンチェルトフォー　ピアーノ

●室内楽／chamber music
チェーンバー　ミュージック

●組曲／suite
スイート

●民謡／folk song
フォーク　ソング

●伝統音楽／traditional music
トラディショナル　ミュージック

●ライブジャズ／live jazz
ライブ　ジャズ

●オーディオ装置／audio
equipment
アーディーオ　イクィプメント

●アンプ／amplifier
アンプリファイア

●レコードプレーヤー／record
player, turn table
レコドプレイア ターンテーブル

●スピーカーシステム／loud speaker
system
ラウド　スピーカー　システム

06 文房具 🔊 69

お客様	すみません。友達の誕生プレゼントを探しています。	Excuse me, I'm looking for a birthday gift for a friend.
あなた	このボールペンはいかがですか？新型です。	What about this ball-point pen? It's the latest model.
お客様	ああ、ドイツ製ですね？	Let's see. German, isn't it?
あなた	いいえ、日本製です。	No, it's made in Japan.
お客様	本当？	Really?
あなた	格好良くてスタイルがいいです。若い人にとても人気があります。	It's stylish and very popular among young people.
お客様	彼、そんなに若くないの。でも、これにするわ。ギフト向けに包んでくれますか？	He isn't so young, you know. But I'll take it. Could you gift-wrap it?
あなた	かしこまりました。	Certainly.

お客様	ボールペンの替え芯ありますか	Do you sell refills?
あなた	ございます。どこの製品ですか？	Yes, we do. What type?
お客様	これです。青の普通芯をください。	This one. I'd like the regular blue.
あなた	何本差し上げますか？	How many would you like?
お客様	1本だけ。それから、赤の普通芯もありますか？	Just one, please. And do you have the regular red, too?
あなた	はい、どうぞ。800円です。	Yes, here it is. That's eight hundred yen.
お客様	これに入れてください。	Could you put them in this?
あなた	はい、どうぞ。	No problem. Here you are.

覚えたいフレーズ ●●

☐ とても、今風で人気があります。
It's fashionable and very popular.

☐ ボーイフレンドへの誕生祝いです。
It's a birthday gift for her boyfriend.

☐ ギフト向けに包んでください?
Could you gift-wrap it?

Ball Point Pen

単語 ●●

● はさみ／scissors
シザース

● 新型／the latest model
ザ　レイテスト　モデル

● 贈り物／gift
ギフト

● 贈り物用包装／gift-wrapping
ギフト　ラッピング

● 万年筆／fountain pen
ファウンテイン　ペン

● ボールペン／ball point pen
ボール　ポイント　ペン

● シャープペン／mechanical pencil
メカニカル　ペンシル

● ボールペンの替え芯／ballpoint pen refill
ボールポイント　ペン　リフィル

● 消しゴム／eraser（米）/rubber（英）
イレイザー／ラバー

● ホチキス／stapler
ステイプラー

● 定規／ruler
ルーラー

● 便せん／writing paper
ライティング　ペーパー

● 封筒／envelope
エンヴェロプ

● 絵はがき／picture post card
ピクチャー　ポウストカード

● クレヨン／crayon
クレイヨン

● クレパス／pastel crayon
パステル　クレイヨン

● のり／glue
グルー

● 鉛筆削り／pencil sharpener
ペンシルシャープナー

● 三角定規／triangle
トライアングル

● セロテープ／tape
テープ

● 巻尺／tape measure
テープメジャー

● 穴あけパンチ／punch
パンチ

● コンパス／compass
カンパス

● 電卓／calculator
キャルキュレーター

● 虫メガネ／magnifier, magnifying glass
マグニファイア／マグニファイイング　グラス

お客様	明日までにこのドレスをクリーニングできますか?	Could you have this dress cleaned by tomorrow?
あなた	はい、朝10時までに用意します。	Yes, it will be ready by ten in the morning.
お客様	それから、この背広も。ズボンにシミがいくつかついているのですけど。	And what about this suit? There are a few stains on the trousers.
あなた	見せてください。ドレスと一緒にご用意できます。	Well, may I have a look? I think we can have that ready together with the dress.
お客様	ああ、よかった。では10時に取りに来ます。	Good. I'll pick them up at ten, then.

覚えたいフレーズ

□ シャツが1枚とセーターが2枚ですね?
That's one shirt and two sweaters, right?

□ では、お預かりします。
So, we'll take these, then.

□ このシミは落ちないかもしれません。
This stain might not come out.

□ それでも、よろしいですか?
Would that still be all right?

□ ドライクリーニングでは色落ちしません。
Dry cleaning won't cause any discoloration.

□ 仕上がりはあさってです。
They will be ready the day after tomorrow.

□ お急ぎなら、明日までに仕上げます。
If you're in a hurry, we can have them ready by tomorrow.

単語 ●●

● シャツ／shirt
シャート

● セーター／sweater
スウェター

● シミ／stain
ステイン

● 色落ち／discoloration
ディスカラレイション

● 仕上がり／be ready
ビー レディ

● お急ぎ／in a hurry
イナ ハリー

● ドライクリーニング／dry cleaning
ドライクリーニング

● 水洗い／wet cleaning
ウェットクリーニング

● ニットもの／knitwear
ニトウェア

● 礼服／evening wear
イーブニングウェア

● 革製品／leather
レザー

● スエード製品／suede
スウェード

● 夏冬物保管／storage summer & winter
ストリッジ サマー アンド ウィンター

Shirt

お客様	友人に花を贈りたいのですが。	I'd like to take some flowers to a friend.
あなた	今の季節でしたら、どんなものでもご用意できます。 お知り合いを訪問されるとか、病院へのお見舞いとかの目的、それにご予算によって、お選びいたします。	All sorts are available at this time of year. Is this a home or a hospital visit? We can then make the selection according to your budget.
お客様	そうですね。予算は5,000円で、友人宅の訪問です。	It's my friend's house. Let's say five thousand yen.
あなた	このらんの植木鉢はいかがでしょうか? 2ヵ月は持ちます。とても人気があります。	What about this potted orchid? It'll last for two months. These are very popular.
お客様	花束では?	How about a bouquet?
あなた	花束でしたら、3種類か5種類の季節の花を適当にアレンジさせていただきます。	We can arrange a bouquet of three to five seasonal flowers.
お客様	それでは、花束にします。	Then I'll take the bouquet.

覚えたいフレーズ

□ どの花にも意味があります。
Every flower has meaning.

□ その花の季節ではありません。
That flower is out of season.

□ それは来年まで咲きません。
It will not bloom until next year.

□ 先週まではあったのですが。
We had them till last week.

単語 ●●

● 大切な人へ贈る花／flowers for a special friend
フラワーズ フォラ スペッシャル フレンド

● 自分の部屋を飾る花／flowers for decorating my room
フラワーズ フォ デコレイティング マイ ルーム

● 梅／plum blossoms
プラム ブラッサムズ

● 桜／cherry blossoms
チェリイ ブラッサムズ

● つつじ／azaleas
アゼイリアズ

● チューリップ／tulips
トウリップス

● ヒマワリ／sunflowers
サンフラワーズ

● もくれん／magnolias
マグノウリアズ

● ベゴニア／begonias
ビゴウニアズ

● ゆり／lilies
リリーズ

● スイセン／water lilies
ウオーター リリーズ

● スズラン／lilies of the valley
リリーズ オブ ザ ヴァリー

● ラベンダー／lavender blossoms
ラヴェンダ ブラッサムズ

● らん／orchids
オーキッズ

● アマリリス／amaryllises
アマリリシズ

● つばき／camellias
カミィリアズ

● あじさい／hydrangeas
ハイドウレインジャズ

● ききょう／Chinese bellflowers
チャイニーズ ベルフラワーズ

● すみれ／violets
ヴァイアリッツ

● ナデシコ／fringed pinks
フリンジド ピンクス

● ハス／lotuses
ロウタスィーズ

● ふじ／wisteria blossoms
ウィスティリア ブラッサムズ

● ぼたん／peonies
ピーアニイズ

● わすれなぐさ／forget-me-nots
フォーゲットミー ナッツ

● 花束／a bouquet of flowers
ア ブケイ オブ フラワーズ

● 鉢植え／a potted plant
ア ポッテド プラント

Tulip

お客様	和包丁を探しています。	I'm looking for some good Japanese knives.
あなた	包丁には片刃と両刃があります。	We have single- and double-edged blades.
お客様	ああ、そうなんだ。知らなかったな。10,000円以内で買えるものを選んでください。	I see, is that so? Do you have a good one below ten thousand yen?
あなた	これは、有名な包丁職人がつくったものです。お気に入ると思います。	This one's made by a well-known craftsman. I think you'll like it.
お客様	ああ、それでいいです。どうも。	This will be fine. Thank you.
あなた	包丁には名前をお入れします。	We also have an engraving service for purchases.

覚えたいフレーズ

☐ 25センチの銅のフライパンをください。
I'd like a copper frying pan with a diameter of 25 centimeters.

☐ 包丁は、使っているうちに、さびが出て刃が歪んだりするので、常にメンテが必要です。
Knives corrode easily and the edge gets distorted. You always have to look after them well.

☐ こちらでは、そうしたメンテを大切にしています。
We take maintenance very seriously.

● 刃物／sharp tools
シャープ ツウールズ

● 包丁／knife
ナイフ

● 片刃包丁／single-edged knife
シングル エッジド ナイフ

● 両刃包丁／double-edged knife
ダブル エッジド ナイフ

● メンテ／maintenance
メインテナンス

● 錆びる／corrode
コロウド

● 鍋／pot/pan
ポット／パン

● 水切りボウル／colander
コランダー

● へら／spatula
スパチュラ

● 卵焼き鍋／egg pan
エッグ パン

● まな板／chopping board
チョッピング ボード

● 缶切り／can opener
キャン オウプナー

● ざる／strainer
ストレイナー

● しゃもじ／rice scoop
ライス スクープ

● おたま／ladle
レイドル

● コンロ／stove/gas ring
ストウヴ／ギャス リング

● コルク抜き／corkscrew
コークスクリュー

● 泡立て器／whisk
ウィスク

● おろし金／grater
グレイター

● やかん／kettle
ケトル

● 鍋つかみ／pot-holder
パットホウルダー

● レモン絞り／lemon-squeezer
レモン スクイザー

● 計量カップ／measuring cup
メジャリング カップ

● 計量スプーン／measuring spoon
メジャリング スプーン

● 大さじ／table spoon
ティブル スプーン

● 中さじ／dessert spoon
ディザート スプーン

● 小さじ／tea spoon
ティー スプーン

● ふきん／dishcloth
ディッシュクロース

10 化粧品

お客様	口紅を買おうと思います。	I'm looking for some lipstick.
あなた	おつけになっているのと同じ色を？	Would you like the color you are wearing?
	たくさんの種類がございます。	We have several like that.
お客様	いいえ、オレンジかレッドを。	No, I'd prefer an orange or a red.
あなた	これは今、流行しております。日本のトップメーカーの製品です。	This one is very fashionable now. It's made by one of Japan's top makers.
	おつけになってみますか？	Would you like to try it on?
お客様	ええ。私には、はで過ぎるようね。	Yes. But it seems too bright for me.
あなた	いいえ、そんなことはありません。とてもお似合いです。	No, I don't think so. It suits you perfectly.
お客様	それから、あの洗顔剤を見せてください。	And would you let me see that cleansing lotion?
あなた	新製品です。あなたのお肌を、よりスムーズに、柔らかく、いきいきとさせます。	It's a new product. It makes the skin feel smoother, softer, and fresher.

覚えたいフレーズ ●●

□ はでなようです。
It seems a bit too brilliant.

□ これは7日以内でお使いください。
Please use it within seven days.

□ 涼しく、乾燥した場所で保存してください。
Please keep it in a cool and dry place.

□ 保湿剤は入浴後 15 分以内にやさしく広げるような感じで肌
にすり込んでください。
The moisturizing lotion should be applied gently to your skin
within fifteen minutes after bathing.

□ マスカラをつける
put on mascara

□ マニキュアを塗る
put on nail polish

□ まゆを描く
pencil one's eyebrows

□ 化粧する
make up your face

□ 化粧を落とす
take your make-up off

● 化粧品／cosmetics
コズメティックス

● 下地／foundation
ファウンデイション

● 保湿剤／moisturizing lotion
モイスチャーライジング ローション

● アイライン／eyeliner
アイライナー

● つけまつげ／false eyelashes
フォールス アイラッシュズ

● ほお紅／blush/blusher
ブラッシュ／ブラッシャー

● あぶらとり紙／oil blotting
sheet/oil control tissue
オイル ブロッティング シート／オイル コントロール
ティシュー

● すっぴん／have no make-up
on/without any make-up on
ハブ ノウ メイカップ オン／ウィズアウト エニイ
メイカップ オン

● メーク落とし／make-up
remover
メイカップ リムーヴァー

● 肌荒れ／rough skin/problem
skin
ラフ スキン プロブレム スキン

● シミ／age spots
エイジ スポッツ

● そばかす／freckles
フレクルズ

● しわ／wrinkles
リンクルズ

● ほくろ／mole
モウル

● 脱毛／hair removal
ヘア リムーヴァル

● 敏感肌／sensitive skin
センシティブ スキン

● 乾燥肌／dry skin
ドライ スキン

● 普通肌／normal skin
ノーマル スキン

● 混合肌／combination skin
コンビネイション スキン

● 油性肌／oily skin
オイリー スキン

● すべての肌タイプ／all skin types
オール スキン タイプス

● 洗顔料／cleanser/cleansing
milk/cleansing cream/
cleansing lotion
クレンザー／クレンジング ミルク／クレンジング
クリーム／クレンジング ローション

● 化粧水／toner
トナー

● ボディケア／body treatment
ボディ トリートメント

● ヘアケア／hair treatment
ヘア トリートメント

● 口紅／lipstick
リップスティック

● ファンデーション／make-up
foundation
メイカップ ファウンデイション

●日焼け止め／sun block
  サン ブロック

●パフ／powder puff
  パワー パフ

●マスカラ／mascara
  マスカラ

●フェイスパウダー／face powder
  フェイス パウダー

●毛穴／pore
  ポア

Lipstick

11 酒とワイン

お客様	日本酒を探しているのですが、何かありますか?	I am looking for some sake. Do you have any?
あなた	はい、いろいろな種類がございます。一級酒から特級酒までございます。	Yes, we do. There are several different grades from the bottom to the top.
お客様	値段はどれくらい違うのですか?	How different is the price?
あなた	そうですね。普通、特級酒は一級酒の3倍から5倍です。	Well, the top grade is three to five times more expensive than the bottom one.
お客様	特にお勧めの銘柄はありますか?	And which grade would you recommend?
あなた	お好みによって違いますが、この銘柄は人気があります。辛口でも甘口でもなく。お値段も適当です。	It is a matter of taste, but this one is popular, not too dry and not too sweet. The price is reasonable, too.
お客様	それでは、その酒をください。	Well, I'll take that one, then
あなた	ありがとうございます。ところで、今年のボジョレー・ヌーボーを試されましたか? 味はフルーティで見事な香りで、昨年もの並みだそうです。	Thank you. By the way, have you tried this year's Beaujolais Nouveau? It's fruity and authentic ... as good as last year's.
お客様	それはよかった。	That's good.
あなた	それから日本の焼酎があります。さつまいもで作った蒸留酒です。これもお勧めです。	And also, we have Japanese shochu - a distilled liquor made of sweet potato. I'd recommend this one.

単語 ●●

● 日本酒／sake
サケ

● 特級酒／the best quality sake
ザ ベスト クワリティ サケ

● 等級／grade
グレイド

● 銘柄／label/make
レイベル／メイク

● 辛口／dry
ドライ

● 甘口／sweet
スウィート

● 白ワイン／white wine
ワイトワイン

● 赤ワイン／red wine
レッドワイン

● ボジョレー・ヌーボー／Beaujolais Nouveau
ボジョレー ヌーボー

● 焼酎／shochu/distilled liquor made of sweet potato
ショーチュウ／ディスティルド リカー メイドブ スウィートポテート

● 蒸留酒／distilled liquor
ディスティルド リカー

● ブランディ／brandy

● シャンペン／champagne

● ジン／gin

● ラム／rum

● テキーラ／tequila

● ヴォッカ／vodka

● ウイスキー／whisky

12 家電製品

- -

お客様	この炊飯器を買おうと思っています。 3つ買いますから特別な値段になりませんか？	I'd like this rice cooker. Do I get a special price if I buy three?
あなた	それでは、この価格から10%お引きします。	Well, we can offer a ten percent discount.
お客様	3台買うので大量販売の特別価格はありませんか？	I'll take three of these. Is there a special rate for bulk sales?
あなた	すみませんが、これは最新モデルですので無理ですね。	No, sorry, because it's the latest model.
お客様	そうですか？　お宅のオリジナル商品ということで、お願いしますよ。	Is that so? Is this your own product? Can you give me a good price?
あなた	そうおっしゃるのなら、あと3%お引きいたしましょう。	Well, if you insist, I can take another three per cent off.

覚えたいフレーズ ●●

□ この炊飯器は玄米もたけます。
This rice cooker is good for brown rice.

□ この炊飯器はおかゆもつくれます。
This rice cooker can make a rice porridge.

□ この電子レンジはトースター機能もついています。
This microwave oven comes with a toaster function.

□ これは国際モデルで世界中どこへでも持って行けます。
This is an export model. You can use it anywhere in the world.

□ これは最新モデルです。
　This is the latest model.

単語 ●●

● 炊飯器／rice cooker
　ライス　クッカー

● 電子レンジ／microwave oven
　マイクロウエーヴ　オヴン

● ラジカセ／radio-cassette
　player
　レイディオ　カセット　プレイヤー

● 薄型TV／flat-panel TV
　フラット　パネル　ティーヴィー

● スマートフォン／smart-phone
　スマートフォーン

● デジタルフォトフレーム／digital
　photo frame
　ディジタル　フォト　フレイム

● ひげ剃り／shaver
　シェイヴァー

● 発光ダイオード(LED)／light-
　emitting diode
　ライト　エミッティング　ダイオード

● 白熱電球／filament lightbulb
　フィラメント　ライトバルブ

● 蛍光灯／fluorescent light
　フローレスント　ライト

● パン焼き機／bread-maker
　ブレッド　メイカー

● 体重計／weighing scale
　ウエーイング　スケール

● 補聴器／hearing aids
　ヒアリング　エイズ

● オリジナル商品／our own
　(original) product
　アワ　オウン (オリジナル) プロダクト

● 外国人向けの特別価格／special
　rates for non-residents of
　Japan (for foreigners on
　short-term visas)
　スペッシャル　レイツ　フォ　ノンレジデンツ　オブ
　ジャパン (フォ　フォーリナーズ　オン　ショートターム
　ヴィザス)

● 免税品／tax-free item
　タックス　フリー　アイテム

Microwave Oven

13 本

🔊 76

お客様	日本語学習の本が欲しいんですけど。	I want some Japanese language study books.
あなた	いくつかあります。どのレベルですか？	What level, may I ask? We have several choices.
お客様	初級のレベルのものを。日本語は少ししか話せません。もっと話せるようになればと思って。	Well, something elementary. I don't speak much Japanese. I want to improve my speaking.
あなた	それなら、この新刊はいかがですか？500以上の良い日本語表現が載っています。	Well, here is a new book that you might like. It includes over five hundred good Japanese expressions.
お客様	では、買って行きます。自由に日本語が話せるようになりたいです。	All right, I'll take it. I'd love to be able to speak Japanese freely.

覚えたいフレーズ ●●

☐ 棚に出ている分だけです。
Everything we have is on display.

☐ ただいま品切れです。
We are out of them now.

☐ どんな書籍でも3日で、お取り寄せいたします。
We can get any book in three days.

☐ お探しの本はコンピュータで検索できます。
You can search for the book on our computer system.

□ この本は廃刊になっています。
This book is out of print.

□ この本は単行本と文庫本があります。
There are both hardcover and paperback editions.

□ この雑誌は毎週火曜日の発売です。
This magazine comes out on Tuesdays.

□ カバーをいたしましょうか？
Would you like a cover for it?

□ 雑誌の立ち読みはご遠慮ください。
Please don't read magazines in the shop.

□ 週刊コミックは売りきれました。
Weekly Comic has sold out.

□ 今週号はもう入荷しません。
We won't be receiving any more copies of this week's issue.

□ コンピュータの書籍コーナーは2階の一番奥です。
Books on computers are at the back on the second floor.

□ 洋書は扱っていません。
We don't have any foreign books.

□ 洋書はあちらのブックスタンドにあるだけです。
Our only foreign books are on that stand over there.

□ 日本に関する英語の本は5冊あります。
We have five English books about Japan.

□ 洋書コーナーへどうぞ。
Please take a look in the foreign book corner.

□ 表紙が汚れています。
This book has a dirty cover.

□ お取り寄せに2〜3週間かかります。
It will take two to three weeks to come in.

□ どのような本ですか?
What kind of book?

□ 当店では取り扱っておりません。
We don't stock it.

単語 ●●

● 新刊書／new release/new book
ニュー　リリース／ニューブック

● 週刊誌／weekly magazine
ウイークリィ　マガジン

● 英語会話の本／English conversation text
イングリッシュカンヴァセーション　テクスト

● 日本語学習の本／Japanese language text
ジャパニーズ　ランゲッジ　テクスト

● 語学書／language text
ランゲッジ　テクスト

● 趣味の本／hobby book
ホビィ　ブック

● 小説／novel
ノウヴェル

● ミステリー小説／mystery/ detective story
ミステリー　ディテクティブ　ストゥリー

● 地図／map
マップ

● 観光案内／guidebook
ガイドブック

● 英和辞書／English-Japanese dictionary
イングリッシュ　ジャパニーズ　ディクショナリ

● 和英辞書／Japanese-English dictionary
ジャパニーズ　イングリッシュ　ディクショナリ

● 英英辞書／English-English dictionary
イングリッシュ　イングリッシュ　ディクショナリ

● 在庫／in stock
イン　ストック

● 在庫切れ／out of stock
アウト　ストック

● 棚(書棚)／book shelf(shelves)
ブックシェルフ(シェルヴス)

● 発行日／date of publication
デイト　オブ　パブリケーション

● 著者名／author's name
オーサーズ　ネイム

● 出版社名／name of the publisher
ネイム　オブ　ザ　パブリッシャー

● 発売日／publication date
パブリケーション　デイト

● 廃刊／絶版／out of print
アウトブ　プリント

● 変型版サイズ／irregular size
イレギュラ　サイズ

● A4サイズ／A-4 size
エイフォー　サイズ

● B5サイズ／B-5 size
ビーファイブ　サイズ

● オールカラー／All color
オールカラー

●文庫本／paperback
ペーパーバック

●洋書／foreign books
フォーリンブックス

●月刊／monthly
マンスリー

●10号／number 10
ナンバー テン

Weekly Magazine

14 薬局

お客様	風邪をひいたみたいです。	I think I have a cold.
	風邪薬はありますか?	Do you have something for that?
あなた	はい、こちらです。	Yes, this one here.
お客様	それから、栄養ドリンクはありますか?	And some energy drinks, please.
あなた	レギュラーサイズとお徳用サイズがありますが?	Would you like the regular or large, discount size?
お客様	レギュラーサイズでいいです。	The regular size will do.

覚えたいフレーズ

□ とげが刺さりました。
　I've got a splinter.

□ 頭がとても痛いです。
　I have a bad headache.

□ おなかをこわしました。
　My stomach is upset.

□ 解熱剤をいただけますか?
　May I have something for a fever?

□ インフルエンザがはやっています。
　The flu is going around.

□ 手を清潔にしなければいけません。
　You must keep your hands clean.

□ つゆどきには気をつけましょう。
　You have to be careful in the rainy season!

● 抜け毛／hair loss
ヘア ロス

● 咳止め／cough medicine
コフ メディシン

● 虫刺され／insect bites
インセクト バイツ

● ひどい二日酔い／terrible
hangover
テリブル ハングオーヴァー

● サプリメント／dietary
supplement
ダイエタリー サプリメント

● ビタミン剤／vitamin pill
ヴァイタミン ピル

● 栄養ドリンク／energy drink
エナジー ドリンク

● ウコン／turmeric
ターメリック

● 生理用品／sanitary napkins
サニタリー ナプキンズ

● 絆創膏／adhesive bandages／
sticking plasters／Band-Aids
アドヘッシブ バンデージズ／スティキング プラスター
ズ／バンド エイズ

● 徳用サイズ／discount size
ディスカウント サイズ

● 風邪薬／cold medicine
コールド メディシン

● 睡眠薬／sleeping pill
スリーピングピル

● 目薬／eye drops
アイドロプス

Energy Drink

あなた	何かお気に入りのペットはありますか？	What kind of pet do you want?
お客様	あの猫が気になっているんです。	Well, that cat has caught my eye.
	向こうもじっと見詰めています。	She's been staring at me, too.
あなた	お客様を気に入ったみたい。	She seems to like you.
お客様	いくつですか？	How old is she?
あなた	4か月です。	Four months.
お客様	これは保証期間とかあるんですか？	Is there a warranty period or something?
あなた	残念ながら、保証はできません。生き物ですから。	Sorry, not for a living thing.
お客様	そうでしょうね。考えておきます。	I guess not. I'll think about it.

単語 ●●

- 熱帯魚／tropical fish
  トロピカル　フィッシュ

- 亀／turtle
  タートル

- うさぎ／rabbit
  ラビット

- やぎ／goat
  ゴウト

- ハムスター／hamster
  ハムスタ

- インコ／parakeet／love bird
  パラキート／ラブ　バード

- カナリア／canary
  キャナリー

- オウム／parrot
  パロット

- 九官鳥／mynah
  マイナー

- シャム猫／Siamese cat
  サイアミーズ　キャット

- ペルシャ猫／Persian cat
  パーシャン　キャット

- チンチラ／Chinchilla cat
  チンチラ　キャット

- アンゴラ猫／Angera cat
  アンゴラ　キャット

- アビシニアン／Abyssinian cat
  エビシニアン　キャット

cat

16 時計

お客様	電波時計を買いたいのですが。	I'm looking for a radio time signal watch.
あなた	すみません。売り切れました。	Sorry, we've sold out.
お客様	では、自動時間修正時計はありますか？	Well, do you have one with automatic time correction?
あなた	すみません。それもありません。	I'm sorry, we're out of them, too.
お客様	ええ、本当？それは残念。	Really? That's too bad.
あなた	よろしければ、明日までにお取り寄せします。	We'll get some in by tomorrow. Will that be all right?
	両方とも、とても人気があるのです。	Both types are very, very popular.
お客様	そうしようかな。	Well, I'll see...
あなた	このGPSを内蔵している時計はいかがですか？	But what about this watch with GPS?
	自動的に正確な時間に合わせます。	It always keeps accurate time automatically.
	これも最後の1つです。	This is the last one we've got.
	これまでにないデザインでしょう？全部で5色です。これはクリーム色です。	An incredible design, isn't it? It comes in a choice of five colors. This one is cream.

覚えたいフレーズ ●●

□ すみません。そのタイプは売り切れました。
I'm sorry. We've sold out of that type.

□ ほとんど同じ製品があります。
We have some that are almost the same.

□ 当店のオリジナル商品です。
This is our own original version.

□ 明日までにお取り寄せします。
We'll get it in by tomorrow.

□ この製品は5年保証がついています。
This product is guaranteed for five years.

□ 修理の期間は2週間で 5,000 円かかります。
It will take two weeks to repair and cost five-thousand yen.

単語 ●●

●オリジナル商品／our own
original product
アワ　オウン　オリジナル　プロダクト

●自動巻き発電機構／automatic
winding mechanism with in-
built power source
オートマティック　ワインディング　メカニズム　ウィズ
インビルト　パワー　ソース

●時計を'眠らせる'機能／sleep
function
スリーブ　ファンクション

●電波時計／radio time signal
watch
レイディオ　タイム　シグナル　ウォッチ

●自動時間修正／automatic time
correction
オートマティック　タイム　コレクション

●GPS内蔵時計／watch with a
Global Positioning System
ウォッチ　ウィザ　グローバル　ポジショニング
システム

Radio Time Signal
Watch

Shoes

17 靴

 80

お客様	ウオーキングシューズを買いたいんです。	I'd like a pair of walking shoes.
あなた	どんな色がよろしいでしょう?	What color would you like?
お客様	黒か茶色でも。	Maybe, black or brown.
あなた	靴のサイズはご存じで?	Do you know your size?
お客様	25センチです。	Twenty-five centimeters.
あなた	これなら合うと思います。おはきになってみてください。	I think these should fit you. Please try them on.
お客様	ちょっときついかな。	A little tight, I'm afraid.
あなた	それでは、これではいかがですか?	How do these feel, then?
お客様	これならぴったりだ。	They fit perfectly.
あなた	そうでしょう? よくお似合いです。	Do they? They look very smart.

覚えたいフレーズ ●●

☐ よくお似合いです。
They look very good.

☐ はきやすいです。
They are easy to wear.

☐ 軽いです。
They are light.

☐ すべりにくい靴底です。
They have non-slip soles.

☐ 靴のサイズはいくつですか?
What is your size?

□ そのサイズのものは切らしております。
　We are out in that size.

□ 色違いのものでしたらございます。
　We have them in a different color.

□ どうぞ、おはきになってください。
　Please try them on.

□ 足が窮屈でありませんか？
　Are they too tight?

□ ツマ先は痛くありません。
　There's no pressure on the toes.

単語

●きつい／窮屈な／tight
　タイト

●ゆるい／大き過ぎる／loose
　ルーズ

●はきやすい／comfortable/easy
　to wear
　コンフォタブル／イージー　ツー　ウェア

●革靴（普段ばき）／leather shoes
　レザー　シューズ

●紐靴／lace-ups
　レイスアップス

●よそゆき靴／best shoes/shoes
　for best
　ベスト　シューズ／シューズ　フォ　ベスト

●ブーツ／boots
　ブーツ

●サンダル／sandals
　サンダルズ

●トレイナー／trainers
　トレイナーズ

●裏底／sole
　ソウル

●表側／upper
　アッパー

●靴紐／shoelace
　シューレース

Boots

18 パソコン

お客様	ノートパソコンを見せてください。	Could you show me some laptop PCs?
あなた	特定の機種をお探しですか？	Are you looking for any particular model?
お客様	特にありませんけど。 お勧めはどれですか？	Not especially. Which model do you recommend?
あなた	これです。これは値段が安いのですが、とても人気があります。基本ソフトつきです。	I like this one. This is a cheap but popular model. The basic software is included.
お客様	いくらですか？	How much is it?
あなた	プリンターと一緒で 120,000円です。	It's a hundred and twenty thousand yen, together with the printer.
お客様	プリンターは要りません。 ほかのはどうですか？	I don't need a printer. What about the other models?
あなた	ほかのは、もっと高いです。基本的には性能は同じです。	Oh, the other models are more expensive, but the performance is basically the same.

覚えたいフレーズ

□ 220,000 円プラス税金です。
That will be two hundred and twenty thousand yen plus tax.

□ 合わせて 242,000 円です。
Two hundred and fourty-two thousand yen in total.

□ 5年間の保証つきです。
　It comes with a five year guarantee.

□ 正しいプラグとトランスがあれば、世界中どこでも使えます。
　You can use it anywhere in the world, with a proper plug and
　transformer.

□ たくさんの人々が PC を持って世界を旅行しています。
　Many people are traveling around the world with their PC's.

単語 ●●

●ノートパソコン／laptop PC
　ラップトップ　ピーシィ

●機種／model
　モデル

●基本ソフト／basic software
　ベイシィック　ソフトウエア

●性能／performance
　パーフォーマンス

Laptop PC

82

| お客様 | どんな種類のパンがあるのですか？ | What kinds of bread do you sell? |

あなた　朝食のトーストから夕食のパンまで、いろいろあります。

Anything from sliced bread for the morning toast to good dinner items.

トースト用のものだけで、10種類もあるんですよ。

There are ten different kinds for toast.

お客様　これは何ですか？

What is this?

あなた　十殻ブレッドというもので、アワ、玄米、ヒマワリの種など、10種類の穀物が入っています。

It's a multi-grain bread with ten different types of grain, including millet, brown rice, and sunflower seeds.

お客様　栄養たっぷりですね。

Very nutritious, right?

あなた　はい、玄米パンも売れています。それに、これは無塩パンです。

The brown rice-bread is selling well, too. And, this one is completely salt-free.

お客様　いろいろな国のパンもありますね。

Do you sell the international style breads and pastries?

あなた　日本で人気があるのはイギリスパンですけど、アメリカのチェリーパイ、イタリアのピザパン、こちらのフランスパンもございます。

The kind we call English bread in Japan is very popular. We also sell American-style cherry pies and Italian pizzas. We have various French breads, too.

お客様　みんな、お宅でつくっているのですか？

Do you bake everything here?

あなた　はい、この裏でつくっています。

Yes, it's all done here on the premises.

単語 ●●

● イギリスパン／white loaf
ホワイト ローフ

● イングリッシュトースト／sliced
white bread
スライスド ホワイト ブレッド

● ホワイトブレッド／white bread
ホワイト ブレッド

● 玄米ブレッド／brown rice bread
ブラウン ライス ブレッド

● レーズンブレッド／raisin bread
レイズン ブレッド

● パンプキントースト／pumpkin
bread
パンプキン ブレッド

● ホールウィートブレッド／whole
wheat bread
ホール ウィート ブレッド

● 各種殻ブレッド／multi-grain
bread
マルチ グレイン ブレッド

● フォーシードブレッド／four-seed
bread
フォー シード ブレッド

● 黒糖ブレッド／brown-sugar
bread
ブラウン シュガー ブレッド

● 無塩パン／salt-free bread
ソルトフリー ブレッド

● ホワイトサンドウィッチブレッド／
white sandwich bread
ホワイト サンドウィッチ ブレッド

● ライサンドウィッチブレッド／rye
sandwich bread
ライ サンドウィッチ ブレッド

● パンプキンサンドウィッチブレッド
／pumpkin sandwich bread
パンプキン サンドウィッチ ブレッド

● バターロール／butter rolls
バターロールズ

● ホットドッグバンズ／hot dog
buns
ホットドッグ バンズ

● シナモンロール／cinnamon rolls
スィナモン ロールズ

● レーズンクロスバンズ／fruit buns
フルート バンズ

● ホールウイートマフィン／whole
wheat muffins
ホールウィート マフィンズ

● ドーナツボール／doughnut balls
ドゥナット ボウルズ

● カレーパン／curry doughnuts
カリー ドゥナッツ

English
Bread

20 おみやげ

🔊83

お客様	家内と友達と自分の思い出に 何かおみやげを買いたいのだけど。	I'm looking for some gifts for my wife and friends and souvenirs for myself.
あなた	そうですね。版画、きゅうす、 竹細工とか食べ物ですね。	Well, we have woodblock prints, teapots, and bamboo crafts. And some foods.
お客様	食べ物がいいです。	Some food items will do.
あなた	奥様にこの自家製クッキーは いかがですか？ ギフトとしての人気商品です。	What about these home- made cookies for your wife? They're very popular as a gift.
お客様	友達には？	And for my friends?
あなた	お友達にはお酒がいいのでは。 これはこの近くの古い酒工場で つくられています。	Well, for your friends, what about some sake? The sake is made by an old firm near here.
お客様	なるほど。何かほかには？	I see. Anything else?
あなた	インスタントそばもいくつかあります。 これもよく売れています。	We have several kinds of instant soba noodles. They are selling well, too.
お客様	よし、クッキーを1箱、酒を2本、 それからそばを4包みください。	OK, I'll take one box of cookies, two bottles of sake and four packs of noodles

覚えたいフレーズ ●●

□ こちらの工芸品は、京都の有名な作家がつくっています。
This craftwork is made by a famous artist in Kyoto.

□ このお菓子の賞味期限は3ヵ月です。
This cake keeps for three months.

□ 開封後は冷蔵庫で保管してください。
Please keep it in the refrigerator after opening.

□ 海産物は冷凍保存便でお送りすることもできます。
The seafood can be mailed to you frozen.

□ 3つお買い上げいただくと1つはサービスします。
Buy three and you get one free.

□ このペンダントの石は日本でしか採掘されないものです。
The stone of this pendant is found only in Japan.

□ このお盆の彫り方は、非常に伝統的です。
This tray is carved in a very traditional way.

□ これは、この地方の名産品です。
This is a well-known product of this area.

□ 当地にいらっしゃった記念に、このペンダントはいかがですか?
How about this pendant as a souvenir of your visit here?

単語 ●●

● 贈り物／gift
ギフト

● 版画／woodblock print
ウッドブロック　プリント

● きゅうす／teapot
ティーポット

● 竹細工／bamboo craft
バンブークラフト

● 自家製クッキー／home-made cookies/biscuits
ホウムメイド　クッキーズ／ビスケッツ

● 海産物／seafood
シーフード

● 人気商品／popular souvenir
ポピュラー　スーベニア

● インスタントそば／instant soba noodles
インスタント　ソバ　ヌードルズ

● 絵はがき／picture post card
ピクチャー　ポウストカード

● 置き物／ornament
オーナメント

● せともの／porcelain
ポーセリン

Teapot

お客様	結婚指輪のことを知りたいんですけど。	I'm interested in purchasing a wedding ring.
あなた	このカタログからお好みのリングをお選びください。	We make rings to order from this catalog.
お客様	ああ、いろいろありますね。	Ah, you have a wide selection.
あなた	シンプルから華やかなものまで400種類揃えております。	There are four hundred types from the simple to the ornate.
お客様	注文の期間はどれくらいですか？	How long will it take?
あなた	大体3週間です。	About three weeks.
あなた	ダイヤモンドの価値は、重さ、色、透明度、カットで決まります。	The value of the diamond depends on the carat, color, clarity, and cut.
	ご予算によって、お好みに一番合うものを決めさせていただきます。	We will try to find the one that best fits your budget.
お客様	わかりました。今すぐには決められませんので、考えておきます。	Thank you... I think I understand... I can't decide right away but will think it over.
あなた	どうぞ、このカタログをお持ちください。	Please take this catalog with you.

覚えたいフレーズ

☐ 結婚指輪の注文の期間はどれくらいですか？
How long will it take to order the wedding ring?

☐ 2週間から3週間です。
From two to three weeks.

□ ご予算によって、お好みに一番合うものにいたします。
  We will make one that best fits your budget.

□ ダイヤ原石は、すべてベルギーからの輸入品です。
  All diamond stones are imported from Belgium.

□ このカタログをお持ちください。
  Please take this catalog with you.

□ いつでも、ご注文をお待ちしております。
  We are looking forward to your order.

単語 ●●

● ダイヤモンド／diamond
ダイヤモンド

● 重さ／carat
カラット

● 色／color
カラー

● 透明度／clarity
クラリティ

● カット／cut
カット

● エメラルド／emerald
エメラルド

● サファイア／sapphire
サファイア

● ルビー／ruby
ルビー

● アメジスト／amethyst
アメシスト

● オパール／opal
オーブェル

● 真珠／pearl
パール

● 真珠の首飾り／string of pearls
ストリング　オブ　パウルズ

● 結婚指輪／wedding ring／
  wedding band
ウエディング　リング／ウエディング　バンド

● ペンダント／pendant
ペンダント

● ロケット／locket
ロケット

● ブレスレット／bracelet
ブレスレット

● ブローチ／brooch
ブローチ

● チェーン／chain
チェーン

● 時計バンド／watchband／watch
  strap
ウォッチバンド／ウォッチ　ストラップ

Diamond

第 4 章

旅行・交通ほか

Transport, Travel, Others

01 空港バス

お客様	このバスは東京行きですか？	Is this bus going to Tokyo?
あなた	そうです。ほとんどの東京の大きなホテルへ行きます。	Yes. This bus goes to almost every big hotel in Tokyo.
	どちらのホテルへお泊まりですか？	What hotel are you staying at?
お客様	東京ホテルです。行きますよね？	Tokyo Hotel. It's going to that hotel, isn't it?
あなた	もちろんです。	Of course.
お客様	何時に出ますか？	What time is the bus leaving?
あなた	4時です。10分で出発です。	At four. It leaves in ten minutes.
お客様	どれくらいの時間がかかりますか？	How long does it take?
あなた	そうですね。交通事情にもよりますが、2時間くらいです。	Well, it depends on the traffic, but about two hours.

覚えたいフレーズ ●●

□ 行き先によって料金は異なります。
The fare varies according to the destination.

□ 次のバスは 10 時 50 分に発車します。
The next bus leaves at ten fifty.

□ 料金は東京まで 250 円です。
The fare is two hundred fifty yen to Tokyo.

□ 先に切符を買ってください。
Please buy your ticket in advance.

□ あの販売機で切符をお買い求めください。
Please buy your ticket at that machine.

□ ご乗車ください。
Please board the bus.

□ 発車します。
We're leaving.

単語

● 10分で／in ten minutes
イン テン ミニッツ

● 3時間くらい／in about three hours
イナバウト スリー アワーズ

● 手荷物受取所／baggage claim
バッゲイジ クレイム

● 運転手さん／driver
ドライバー

● お客さん（集団への呼びかけ）／
Passengers
パッセンジャーズ

● お客さん（個人への呼びかけ）／
Excuse me!/Sir/Madam/
Ma'am/Miss/Young lady
イクスキュウズミー／サー／マダム／マーム／ミス／ヤン
グレイディ

Baggage Claim

02 観光案内

🔊 86

お客様	最も人気のあるバス・ツアーは何ですか？	What's the most popular bus tour?
あなた	そうですね。カブキ・ナイト・ツアーです。	Well, I'd say the Kabuki night tour.
お客様	どんなものですか？	What does it involve?
あなた	夕方6時に出て歌舞伎座で1幕を観てから夕食を食べて帰ってきます。	We leave this hotel at six in the evening, and watch one act of Kabuki, then eat dinner and return.
お客様	いくらですか？	How much is it?
あなた	夕食付きで お一人様10,500円です。	It's ten thousand five hundred yen per person, including dinner.
	歌舞伎と日本食の両方を楽しむことができます。	You'll enjoy both Kabuki and Japanese food in the same evening.

覚えたいフレーズ ●●

□ 東京バスツアーは面白いです。
The bus tour of Tokyo is interesting.

□ 浅草は東京の伝統的な場所の一つです。
Asakusa is one of the more traditional areas in Tokyo.

□ 浅草へ行くことを考えています。
I'm thinking about going to Asakusa.

□ 地図をいただけますか？
Could I have a map?

□ お買い物でしたら、銀座が一番流行の先端です。
　For shopping, Ginza is the most fashionable.

□ その博物館へはどのように行けばいいのですか?
　How can I get to the museum?

□ 今日、開いていますか?
　Is it open today?

□ ここから遠いですか?
　Is it far from here?

□ 近いです。歩いて10分ほどです。
　It's near here. About ten minutes on foot.

□ 書いてくれますか?
　Would you write it down for me?

単語 ●●

● 地図／map
　マップ

● 博物館／museum
　ミュウジアム

● 遠い／far
　ファー

● 近い／near
　ニアー

● 伝統的な場所／traditional area
　トラディショナル　アリア

● 歴史のある／historical
　ヒストリクル

● 夕食付き／with dinner/including dinner
　ウィズ　ディナー／インクルーディング　ディナー

● 歩いて／on foot
　オン　フット

● 名物／highlight
　ハイライト

● 観光地／sightseeing spot
　サイトシーイング　スポット

● 観光施設／sightseeing facilities
　サイトシーイング　ファシリティーズ

お客様	大阪行きの汽車は何時に出ますか？	What time is the next train for Osaka?
あなた	7時24分です。	It leaves at seven twenty-four (7:24).
お客様	急げば、それに乗れますね？	Can we catch it if we hurry?
あなた	乗れます。時間は十分です。	You can. There's still time.
お客様	それは良かった。	That's good.
あなた	切符をお買いになりますか？料金は片道で5,200円で、往復ですと10,000円です。	Would you like to buy tickets? The fare is five thousand two hundred yen for one-way or ten-thousand yen for the return.
お客様	わかりました。往復切符を2枚。	All right. Two return tickets, please.
あなた	20,000円です。	That's twenty-thousand yen.
お客様	はい、これで。何番線ですか？	Here you are. And which platform does the train leave from?
あなた	2番線です。時刻表をどうぞ。	Platform 2. And here's the timetable.
お客様	雑誌を買う時間はありますか？	Is there enough time to buy a magazine?
あなた	あります。でも、急いでください。	I think there is. But please hurry.

覚えたいフレーズ ●●

□ どちらまで行かれますか？
Where do you want to go?

□ 料金は 3,000 円です。
The fare is three thousand yen.

□ 急いでください。
Please hurry.

□ 足下に気をつけて。
Mind your step. / Watch your step.

□ 列車は3分遅れています。
The train is three minutes late.

□ お忘れ物のないように。
Don't leave your things. / Don't forget anything.

単語 ●●

● 大阪行の汽車／train for Osaka
トゥレイン　フォ　オーサカ

● 切符／ticket
ティケット

● 料金／fare
フェア

● 片道／single/one way
スィングル／ワンウェイ

● 往復／return/round trip
リターン／ラウンド　トリップ

Ticket

04 レンタカー

🔊88

お客様	レンタカーの料金を知りたいのですが。	What are your rental car rates?
あなた	中型車ですと、24時間で7,000円、走行距離は無制限です。	Well, for a medium sized car, seven-thousand yen for twenty four hours. With no mileage limit.
お客様	なるほど、例えば、どんな車ですか？	I see. What kinds of car, do you have?
あなた	トヨタ・カローラ、ニッサン・サニーなどです。	Toyota Corollas, Nissan Sunny, and the like.
お客様	それじゃ、トヨタ・カローラにします。	Okay, I'll take a Toyota Corolla.
あなた	免許証とクレジットカードをお願いします。	May I see your driver's license and credit card, please?

覚えたいフレーズ ●●

☐ 大型車にします。
A large car would be good.

☐ 3日間ではいくらですか？
What's the charge for three days?

☐ 私の免許証です。
Here's my driver's license

☐ 自動車保険には入っておられますか？
Do you have car insurance?

☐ これが保険証です。
Here's the insurance card.

□ ハイウェイで事故を起こしました。
   I had an accident on the highway.

□ 怪我はしませんでした。
   I wasn't hurt.

□ 警察へ連絡されましたか？
   Did you contact the police?

□ どこで事故が起こったのですか？
   Where did the accident happen?

□ 交差点で信号が赤になったので停止しました。
   It happened when I stopped at the traffic light.

□ その車が私の車に追突しました。
   The car ran into my back.

□ 信号は青でした。
   The light was green.

Red Light →

単語 ●●

● 交通事故／traffic accident
  トラフィック　アクシデント

● 損害／damage
  ダメイジ

● 自動車保険／car insurance
  カー　インシュランス

● 車検証／registration card
  レジストレイション　カード

● 保険証／insurance card
  インシュランス　カード

● 赤信号／red light
  レッド　ライト

● 青信号／green light
  グリーン　ライト

● 注意信号／amber light
  アンバー　ライト

● 非常灯／emergency signal
  イマージェンシイ　シグナル

● 運転免許証／driver's license, driving license
  ドライバーズ　ライセンス／ドライビングライセンス

● 駐車場／parking lot(米)、car park(英)
  パーキングロット／カーパーク

● 駐車禁止／no parking
  ノーパーキング

● 駐車違反／illegal parking
  イリーガル　パーキング

● 大型車／full-size car, large car
  フルサイズカー／ラージカー

● 中型車／mid-size car
  ミッドサイズカー

● 小型車／compact car
  コンパクトカー

05 ホテル/ペンション/旅館

あなた	予約係です。	Reservations.
お客様	予約をお願いします。	I'd like to make a reservation, please.
あなた	はい、お名前をどうぞ。	Yes, Your name, please?
お客様	ジョー・ヘンリーです。	Joe Henry...
あなた	何人様ですか?	And how many people?
お客様	2人です。	Two.
あなた	かしこまりました。ジョー・ヘンリー様。何日ですか?	OK, Mr. Joe Henry. And what are the dates?
お客様	9月15日から17日まで木、金、土です。	September 15 to 17, Thursday, Friday and Saturday.
あなた	3日間、ツイン・ルームをお取りします。	We have a twin-bedroom for those three days.
お客様	部屋代はいくらですか?	How much is the room?
あなた	一晩で12,000円です。	Twelve thousand yen a night.
お客様	わかりました。	OK, I'll take it.
あなた	お電話番号をお願いします。	What is your telephone number?
お客様	03-2341-5678です。	It is 03-2341-5678.
あなた	それでは、ヘンリー様。お待ちしております。ありがとうございます。	All right, Mr. Henry. We are looking forward to seeing you. Thank you... Bye.

（チェックイン）

あなた	こんにちは。	Good afternoon, sir.
お客様	こんにちは。ブラウン、ジョン・ブラウンですが、予約をしてあります。	Good afternoon. My name is Brown, John Brown. We have a reservation.
あなた	少々お待ちください。ブラウン様	One moment, please.

たしかに予約をいただいております。Yes, here it is, Mr. Brown.
こちらに3日間お泊まりですね。You are staying here for three days.

ツイン・ルームですね？ A twin room, right?

お客様　はい。 Yes.

あなた　ご記帳をお願いいたします。Will you register here
お名前とご住所、それに日本に please? Just your name
お住まいでなければパスポート and address... and passport
番号を。 number, if you do not have
an address in Japan.

覚えたいフレーズ ●●

☐ 部屋がございます。
We have your room.

☐ ご記帳をお願いいたします。
Will you register please?

☐ お名前とご住所、それにパスポート番号をお願いします。
Your name and address and passport number, please.

☐ どれくらいのご滞在ですか？
How long are staying?

☐ 荷物を預かってくれますか？
Can you store my baggage?

☐ 786室ですが、ビールを4本とグラスを5つ、お願いします。
This is Room 786, four bottles of beer with five glasses, please.

☐ 洗濯したいものがあります。
I have some clothes that need to be washed.

☐ いつまでにできますか？
When will they be ready?

☐ テレビが故障しているようです。
It seems the TV doesn't work.

☐ 荷物を運ぶのに誰か来てくれますか？
Will you send someone to help me with my baggage?

☐ チェックアウトは何時ですか？
What time is checkout?

☐ チェックアウトしたいのですが。
I'd like to checkout, please.

☐ これは、何の支払いですか？
What's this charge for?

☐ この項目はよくわからないです。
I'm not sure about this item.

☐ US ドルで支払えますか？
Do you accept U.S. dollars?

☐ お金を換えたいのですが。
I'd like to exchange some money.

☐ 細かいお金が少し欲しいのですが。
I'd like to have some small change, please.

● 予約／reservation/booking
レザヴェーション／ブッキング

● 記帳／registration
レジストレイション

● 部屋代／room rate
ルーム　レイト

● 荷物／baggage
バッゲッジ

● 項目／item
アイテム

● チェックアウトタイム／checkout time
チェックアウト　タイム

● モーニングコール／wake-up call
ウェークアップ　コール

● 支払い／payment
ペイメント

● フロント／reception
リセプション

基本の会話

飲食業

販売業

旅行交通ほか

Baggage

06 タクシー

あなた	どちらへ？	Where to?
お客様	東京ホテルへお願いします。	Tokyo Hotel, please.
あなた	わかりました。	All right.
お客様	どれくらいの時間で行きますか？	How long does it take?
あなた	そうですね。15分くらいで。	Oh, about 15 minutes.
お客様	7時までに着きますか？	Will we get there by seven?
あなた	さあ、わかりません。交通状況によりますから。	Well, I don't know. It depends on the traffic.
お客様:	そうでしょうね。この前は20分かかりました。	You're right. It took 20 minutes last time.
あなた	とにかく、ベストをつくしますから。	Anyway, I'll do my best.
あなた	着きました。時間通りでしょう？	Here we are. Just on time, right?
お客様:	本当だ。いくらですか？	Right. How much is it?
あなた	1,600円です。お忘れ物なく。	It's one thousand (and) six hundred yen. Don't forget anything.
お客様	はい。おつりはいいや。	Here you are. Keep the change.
あなた	ありがとうございます。どうぞ、良い一日を。	Thank you so much. Have a nice day, ma'am.

□ タクシーを呼んでください。
　Will you call me a taxi?

□ タクシー乗り場はどこですか。
　Where is the taxi stand?

□ 8時までに着けると思います。
　I think we can get there by eight.

□ ここから空港まで、いくらですか？
　How much will it be from here to the airport?

□ 残念ながら、道路が混んでいるようです。
　I'm afraid the road is a bit crowded.

□ 行き先を書いてください。
　Please write down your destination.

□ シートベルトを締めてください。
　Please fasten your seat-belt.

□ 目印は角の交番です。
　Look out for the police box at the corner.

□ ここで降ります。
　I'll get off here.

□ 空港までお願いします。
　The airport, please.

□ どれくらいの時間がかかりますか？
　How long does it take?

□ 駅の近くです。
　It's near the station.

□ おつりを取ってください。
Keep the change.

□ お忘れ物なく。
Don't leave your things.

単語 ●●

● タクシー乗り場／taxi stand
タクシー　スタンド

● 行き先／destination
デスティネイション

● 目印／landmark
ランドマーク

● 交番／police box
ポリースボックス

● 時間通り／on time
オン　タイム

● 時間までに間に合う／in time
イン　タイム

07 会社の受付

◀)) 91

（約束のあるとき）

あなた	いらっしゃいませ。	May I help you, sir?
お客様	お願いします。	Yes, please.
	取締役の田中さんにお会いしたいのです。	I'd like to see Mr. Tanaka, the director.
あなた	お約束ですか？	Do you have an appointment, sir?
お客様	はい、3時の約束です。	Yes, I have an appointment at three.
あなた	お名前をお願いします。	Your name, please?
お客様	スミス…ジョージ・スミスです。	Smith－George Smith.
あなた	お待ちしておりました、スミス様。	We're expecting you, Mr. Smith.

（約束のないとき）

あなた	いらっしゃいませ。	May I help you, sir?
お客様	お願いします。	Yes, please.
	営業の田中さんにお会いしたいのです。	I'd like to see Mr. Tanaka of the Marketing Section.
あなた	お約束ですか？	Do you have an appointment, sir?
お客様	いいえ、近くに来たものですから。	No, I was just in the neighborhood.
あなた	失礼ですが、お名前をお願いします。	If you don't mind, may I have your name, please?
お客様	スミス…ジョージ・スミスです。	Smith－George Smith.
あなた	スミス様、少々、お待ちください。	One moment, please, Mr.Smith.
あなた	田中はあいにく外出中でございます。4時ごろには帰る予定でございますが代わりの者を	I'm afraid Mr. Tanaka is out now. He is supposed to be back at about four.

	お呼びいたしましょうか？	Shall I call some other person, instead?
お客様	いや、それには及びません。	No, no. It's not necessary.
あなた	よろしければ、ご伝言をうけたまわります。	Would you like to leave him a message?
お客様	スミスが尋ねてきたと伝えてください。	Well, just tell him that George Smith came by to see him.
あなた	お伝えいたします、スミス様。	I'll tell him so, Mr. Smith.

覚えたいフレーズ ●●

☐ お名刺をいただけますでしょうか？
May I have your business card, please?

☐ 申し訳ございませんが、佐藤は今、会議中でございます。
I'm sorry, but Mr. Sato is in a meeting now.

☐ しばらく、ロビーでお待ちいただけますか？
Could you wait for a while in the lobby?

☐ 本日、佐藤は大阪へ出張しております。
Mr. Sato is on a business trip to Osaka today.

☐ お名前をフルネームでお願いいたします。
Would you let me know your full name, please?

☐ 社内におりますので、呼び出してみます。
He (she) is in the office, so I'll page him (her).

☐ ご案内いたします。こちらへどうぞ。
I'll show you the way. This way, please.

☐ 今日は休みをとっております。
It's his (her) day off today.

●名刺／business card
ビズネス　カード

●約束／アポ／appointment
アポイントメント

●会議室／meeting room
ミーティング　ルーム

●呼び出し／paging
ペイジング

●出張／business trip
ビズネス　トリップ

基本の会話

飲食業

販売業

旅行交通ほか

08 ガソリン・スタンド 92

あなた	満タンにしますか？	Shall I fill it up, ma'am?
お客様	オーケー、お願いします。	OK, please.
あなた	現金ですか？カードですか？	Cash or card? And which
	どの等級のガソリンですか？	grade?
お客様	現金で、レギュラーを。	Cash. Regular.
あなた	わかりました。車を洗いましょうか？	Yes, ma'am. Shall we wash
		the car, too?
お客様	いや、洗わなくいい。	No, I don't think so.
	でも、タイヤ圧をチェックしてください。	But please check the tire
		pressure.
あなた	かしこまりました。	Yes, ma'am.

覚えたいフレーズ

- [ ] 給油口のふたをあけてください。
  Could you open the cap?

- [ ] 灰皿の中のごみを捨てますか？
  Shall I empty the ashtray?

- [ ] 車のキーをお借りします。
  I'll take the car-keys.

- [ ] サイドミラーをたたんでください。
  Please put the side mirrors down.

- [ ] タイヤを洗ってくれますか？
  Can you wash the tires?

- [ ] 窓をお拭きします。
  I'll wash the windows.

□ お車を誘導します。お気をつけて。
  I'll help you out. Take care!

単語 ●●

● レギュラー・ガソリン／regular
  レギュラー

● ハイオク・ガソリン／premium
  プレミアム

● 給油ふた／cap
  キャップ

● ハンドル／steering wheel
  ステアリング　ウィール

● バック・ミラー／rear view mirror
  リア　ビュー　ミラー

● サイド・ミラー／side mirror
  サイド　ミラー

● フロントガラス／windshield（米）
  windscreen（英）
  ウインドシールド／ウインドスクリーン

● 計器板／dashboard
  ダッシュボード

● ナンバープレート／license plate／
  number plate
  ライセンス　プレイト／ナンバー　プレイト

● アクセル／accelerator
  アクセレイター

● サイドブレーキ／parking brake／
  hand brake
  パーキング　ブレイク／ハンド　ブレイク

● ボンネット／hood
  フード

● パンク／flat tire／puncture
  フラットタイア／パンクチャー

● クラクション／horn
  ホーン

● ウインカー／indicator
  インディケイター

● バックギアー／reverse
  リヴァース

● ガソリン／gas（米）／petrol（英）
  ギャス／ペトロル

● エンスト／to stall／stalling
  トウ　ストール／ストーリング

● カーナビ／satellite navigation
  system
  サテライト　ナヴィゲイション　システム

● ガソリンスタンド／service
  station／gas station（米）／petrol
  station（英）／garage（英）
  サービスステイション／ギャス　ステイション／ペトロル
  ステイション／ガラージ

● 運転席／driver's seat
  ドライバーズ　シート

● 助手席／front passenger seat
  フロント　パセンジャー　シート

● 後ろの席／back seat
  バック　シート

● 前の席／front seat
  フロント　シート

● ブレーキ／brake
  ブレイク

Gas Station

GS

09 不動産屋

お客様	この辺でワンルーム・マンションを探しているんですけど。	I'm looking for a studio apartment around here.
あなた	大きさによっていろいろな種類があります。どのくらいの価格のものがいいですか？	Well, we have many kinds depending on the size. What price range are you looking at?
お客様	1ヵ月の家賃が5万円以下のものを。	A monthly rent of fifty-thousand yen or less.
あなた	1つ、とても良いのがあります。静かで日当たりの良い、公園を一望する部屋です。	Here is a very good one. It's a quiet room with a lot of sunshine, overlooking a park.
	これが場所の地図と間取りです。ご案内しますか？	Here's a map of where it is and the floor plan. Shall I take you there?
お客様	お願いします。	Yes, please.
お客様	いいですね。家賃はいくらですか？	It's very nice. How much will it be?
あなた	1ヵ月72,000円でお願いしています。	The landlord is asking for seventy-two thousand yen a month.
お客様	それで、前払金か何か要るのですか？	And will there be some kind of deposit or something?
あなた	賃貸契約を結ばれるとき、敷金として3ヵ月の前金が必要です。	When making the contract, you'll need to pay the equivalent of three months' rent as a security deposit.
	それに、最初と最後の家賃として2ヵ月分を前払いでいただきます。	Plus, you'll also have to pay two months' rent, for the first and last months,

お客様	なるほど。契約の期間は？	in advance. I see. How long is the lease for?
あなた	2年の賃貸契約です。	It's a two year lease.
お客様	公共料金は？	What do I do about utilities?
あなた	電気、ガス、水道などの料金は別にお支払いください。	You'll have to pay for electricity, gas and water separately.
お客様	それでは、考えていたより高いです。	That's more than I was anticipating.
	家賃は値下げできませんか？	Could you reduce the rent?
あなた	それは無理です。 この辺の通常価格ですから。	No, I don't think so. That is the going price in this area.

覚えたいフレーズ ●●

☐ どのあたりをお探しですか？
What area are you looking for?

☐ できれば日比谷線の沿線を考えています。
Somewhere along the Hibiya Line, if possible.

☐ この物件は値段も手ごろで，お勧めできます。
This property is very reasonable. I can recommend it.

☐ ご予算は？
What's your budget?

☐ その金額では，ご希望に合う物件はありません。
There is nothing available in that price range.

☐ もう少し予算を増やすか，条件を妥協しなければ。
I'm afraid you'll have to expand your budget, or change your requirements.

☐ 駐車場は別料金です。
You'll have to pay extra for parking.

☐ 築3年です。
It's three years old.

単語 ●●

● ワンルーム・マンション／studio/
single room apartment
スチューディオ／シングルルーム・アパートメント

● リゾート・マンション／resort
condominium/condo
リゾート　コンドミニアム／コンド

● モデルルーム／show house
ショウハウス

● 1ヵ月の家賃／monthly rent
マンスリイ　レント

● 予算／budget
バジェット

● 物件／property/place/room
プロパティ　プレイス／ルーム

● 和室／Japanese style room
ジャパニーズ　スタイル　ルーム

● 洋室／Western style room
ウエスタン　スタイル　ルーム

● 一軒家／detached house
ディタッチド　ハウス

● リフォーム済み／renovated
レノヴェーテッド

● 間取り／floor plan
フロア　プラン

● マンション／condominium/
condo
コンドミニアム／コンド

● 貸家／rental house
レンタル　ハウス

● 水道・光熱費／utilities
ユーティリティズ

● 大家／landlord
ランドロード

● 耐震住宅／earthquake-
resistant house
アースクウェーク　リズィスタント　ハウス

● 頭金／holding fee
ホウルディング　フィー

● 敷金／security deposit
セキュリティ　デポジット

● 礼金／landlord fee
ランドロード　フィー

● 手数料／handling charge
ハンドリング　チャージ

● ペット可／pets allowed
ペッツ　アラウド

● ペット不可／no pets allowed
ノウ　ペッツ　アラウド

Detached
House

10 看護師

🔊94

あなた	熱をはかりましょう。	Let me take your temperature.
	熱は37.5度です。	You have a fever of thirty-seven point five degrees Centigrade.
患者	どうも。	Thank you.
あなた	そでをまくってください。	Please roll up your sleeve.
	注射します。ちくりとしますよ。	I'll give you an injection. This will hurt a little.
患者	すこし気分が良くなったみたいです。	I do seem to be feeling a bit better now.
あなた	そうですか?薬が効くまでには少し時間がかかりますが。	Really? It usually takes a little time for it to work.

覚えたいフレーズ ●●

☐ 風邪をひいています。
I have a cold.

☐ 寒気がします。
I have the chills.

☐ 熱っぽい。
I feel feverish.

☐ 平熱です。
I don't have a temperature.

☐ 気分が悪いんです。
I feel ill./ I don't feel good./I'm not feeling very well./I feel sick.

☐ 救急車を呼んでください。
Please call an ambulance.

☐ 頭痛がします。
I have a headache.

☐ 頭がくらくらします。
My head is going round and round. / I'm feeling dizzy.

☐ とてもお元気そうです。
You look very healthy.

☐ 仰向けに寝てください。
Lie on your back.

☐ うつ伏せに寝てください。
Lie face down. / Lie on your stomach.

☐ 横向きに寝てください。
Lie on your side.

☐ 吐きそうです。
I feel like throwing up.

☐ 痛みますか？
Are you in pain?

☐ 下痢をしています。
I have diarrhea.

☐ 時差ぼけです。
I'm suffering from jet lag.

☐ のどが痛いんです。
I have a sore throat.

☐ 頭がとっても痛むんです。
I have a bad headache.

□ あなたは、おなかをこわしています。
Your stomach's upset.

□ においも味も感じません。
I can't smell or taste a thing.

□ 肩がこっています。
My shoulders are so stiff!

□ ものもらいができました。
I've got a stye in my eye.

□ 1日3回、食後にこの薬を一つ飲んでください。
Take one tablet three times a day, after meals.

□ 上の歯が痛いんです。
I have a toothache on my upper jaw.

□ 左下の奥の歯がぐらぐらします。
I have a loose tooth towards the back at the bottom.

単語 ●●

● 急病／medical emergency
メディカル イマージンシイ

● 消化不良／indigestion
インダイジェスション

● 応急処置／first aid
ファーストエイド

● 鼻風邪／head cold/a cold in my nose
ヘッド コウルド／ア コウルド イン マイ ノウズ

● 熱中症／heatstroke
ヒートストロウク

● 鼻血／nosebleed
ノウズブリード

● 内出血／internal bleeding
インターナル ブリーディング

● やけど／burn
バーン

● 水虫／athlete's foot
アソリーツ フット

● 突き指／dislocated finger
ディスロケイテッド フィンガー

● ぎっくり腰／slipped disk
スリップト ディスク

● けいれん／spasms
スパズムズ

● 症状／symptom
スィントム

● 食欲／appetite
アペタイト

- 体温計／thermometer
  サーモミーター
- 高熱／high fever
  ハイ　フィーヴァー
- 鼻水／runny nose
  ラニー　ノウズ
- 二日酔い／hangover
  ハンゴーヴァー
- 聴診器／stethoscope
  ステソスコウプ
- 採血テスト／blood test
  ブラッド　テスト
- 尿／urine
  ユーリン
- 注射／shot/injection
  ショット／インジェクション
- 点滴／drip
  ドゥリップ
- 処方箋／prescription
  プリスクリプション
- 入院／be hospitalized/go into hospital
  ビ　ホスピタライズド　ゴー　インツー　ホスピタル
- 絶対安静／complete rest/bed rest/complete bed rest
  コンプリート　レスト
- カルテ／chart
  チャート
- 肩こり／stiff shoulders/stiff neck
  スティッフ　ショルダーズ／スティッフ　ネック
- 指圧／finger pressure massage
  フィンガー　プレッシャー　マッサージ
- つぼ／pressure point
  プレッシャー　ポイント
- マッサージ／massage
  マッサージ
- 入れ歯／false teeth
  フォールス　ティース
- 虫歯／cavity
  キャヴィティ

- 風邪／cold
  コールド
- 出血／bleeding
  ブリーディング
- 腰痛／lower back pain
  ローアー　バック　ペイン
- 喉痛／sore throat
  ソー　スロート
- ひざ痛／knee pain
  ニーペイン
- レントゲン検査／X-ray examination
  エックス　レイ　エグザミネーション
- 内視鏡検査／endoscope examination
  エンドースコープ　エグザミネーション
- 頭痛／headache
  ヘデーク
- 咳／cough
  コフ
- 寒気／chill, shiver
  チル／シバー
- くしゃみ／sneeze
  スニーズ
- めまい／dizziness, dizzy
  ディジネス／ディジー
- 歯痛／toothache
  トゥーセーク
- 腹痛／stomachache
  ストマケーク
- 下痢／diarrhea
  ダイアリア
- かゆい／itch
  イッチ
- 骨折／fracture
  フラクチャー
- ねんざ／sprain, wrench, twist
  スプレーン／レンチ／トゥイスト

11 宅配便

🔊95

お客様	これを宅配便で名古屋へ送りたいのです。	I'd like to send this package to Nagoya.
あなた	承知しました。	Certainly.
お客様	これでいくらですか？	How much is that?
あなた	縦・横・幅の寸法を足した長さが1メートル以内で、重さが10キロ以内なら、日本国内は1,000円です。	Well, it's 1,000 yen within Japan if the package is less than a meter each way and below 10 kilos.
	元払いですか、着払いですか？	Will the sender or the recipient be paying for this?
お客様	元払いです。いつ着きますか？	I'll pay. When will it get there?
あなた	荷物は明日届きます。	It will arrive tomorrow.
お客様	それじゃ、お願いします。	Thank you.
あなた	壊れ物は入っていませんか？	Is there anything fragile inside?
お客様	何も入っていません。	No, there isn't.

覚えたいフレーズ ●●

☐ 生ものはクール宅配便になります。
Fresh food can be sent refrigerated.

☐ 元払いですか？
Is the sender paying?

☐ 着払いですか？
Is the recipient paying?

Fragile Item

□ 荷物の大きさは？
How big is package?

□ ハンコかサインをお願いします。
We need your seal or signature.

□ 時間指定されますか？
Would you like to specify a delivery time?

□ 代引きの荷物が届きました。
I have a package for payment on delivery.

□ 中身はこわれ物でしょうか？
Is it fragile?

単語 ●●●

●受取人／recipient
リシピエント

●発送人／sender
センダ

●入荷／発送／shipment
シップメント

●元払い／payment by sender
ペイメント　バイ　センダ

●着払い／payment on delivery
ペイメント　オン　ディリヴァリ

●代引き／payment by recipient
ペイメント　バイ　リシピエント

●配達希望日／date of delivery
デイト　オブ　ディリヴァリ

●時間指定／time of delivery
タイム　オブ　ディリヴァリ

●壊れ物／fragile item
フラジャイル　アイテム

12 靴磨き

● 96

お客様	靴を磨いてください。	Can you shine my shoes?
あなた	どうぞ、そこへ足をのせてください。	Put your feet on the stand, please.
	こんなに良い靴をもっと磨いた方がいいですよ。	You have good shoes. You should have them shined more often.
お客様	ひまがありません。	I just don't have the time.
あなた	いつでも寄ってください。	Drop in at anytime.
	それからかかとが痛んでいますよ。	The heels are very worn.
	修理もします。	I do repairs as well.
お客様	そのうち頼むよ。	I'll come back for that another time.
あなた	できました。お待たせしました。1,000円です。	Here you are. Thank you for waiting. That's one thousand yen, please.

単語 ●●

● 靴墨／靴クリーム／shoe polish
シュー　ポリッシュ

● かかと／heel
ヒール

● つま先／toe
トウ

● 裏底／sole
ソウル

● 表側／upper
アッパー

Heel

13 郵便局

お客様	切手を買いたいのですが。 80円切手を5枚と 100円切手を3枚ください。	I'd like to buy some stamps. I'd like five eighty yen stamps and three one hundred yen stamps, please.
あなた	はい、どうぞ。	Here you are.
お客様	いくらですか?	How much is that?
あなた	全部で700円です。	That's seven hundred yen in total.
お客様	では、1,000円で。	Here's one thousand yen.
あなた	ありがとうございます。 300円のお釣です。	Thank you. Your change is three hundred yen.

覚えたいフレーズ

□ 普通郵便にしますか?　それとも速達にしますか?
Would you like regular or express delivery?

□ 受け取り確認の通知は必要ですか?
Will you need confirmation of delivery?

□ この手紙は 100 g なので料金は 140 円になります。
That's a hundred grams, which will be 140 yen.

□ 速達で出されると、明日には届きます。
By express, it will arrive tomorrow.

□ もう遅いので、郵便物は明後日の配達になります。
It's getting late, now, so this won't arrive till the day after tomorrow.

□ 窓口業務の時間が終了しましたので、時間外受け付けにお持ち込みください。
Please take your mail to the out-of-hours counter, as the regular counters have closed.

□ 今度の記念切手は、来月の 10 日発売です。
The commemorative stamps will be issued on the 10th of next month.

単語 ●●

● 身分証明書／personal identification
パーソナル　アイデンティフィケーション

● 封筒／envelope
エンベロプ

● 封書／letter
レター

● ハガキ／post card
ポウスト　カード

● 切手／stamps
スタンプス

● 絵はがき／picture post-card
ピクチャー　ポウスト　カード

● 普通郵便／regular mail
レギュラーメイル

● 速達／express mail
イクスプレス　メイル

● 簡易書留／registered mail
レジスタード　メイル

● 現金書留／cash by registered mail
キャッシュ　バイ　レジスタード　メイル

● 収入印紙／revenue stamps
レベニュー　スタンプス

● 記念切手／commemorative stamps
コメモラティブ　スタンプス

● 年賀状／New Year card
ニューイヤー　カード

● 受取通知／notice of delivery
ノウティス　オブ　デリバリー

● 不在者通知／notice of non-delivery
ノウティス　オブ　ノンデリバリー

● 郵便料金／postage
ポウステイジ

● 配達／delivery
デリバリー

● 集荷／collection
コレクション

● 郵便番号／zip code (米)／postal code (英)
ジップ　コード／ポウスタル　コード

● 定形外／over-sized
オーバーサイズド

● 郵便小包／parcel post
パーセル　ポウスト

Stamps

14 理髪店

あなた	今日はどのようにしますか？	What will it be today?
お客様	少しだけ切ってください。	Just a trim, please.
	それに、耳の下と首回りを切って。	And cut above the ears and collar.
あなた	はい、それからひげ剃りは？	All right. How about a shave?
お客様	お願いします。	Yes, thanks.

覚えたいフレーズ

□ 調髪は、ヘアカット、シャンプー、ひげ剃り、ヘアブローの
コースです。
Styling includes the cut, shampoo, shave and blow.

□ もみあげの長さはいかがいたしますか？
How long would you like your sideburns?

□ これくらいで。
This long.

□ 前髪を短く。
Short in front.

□ 髪をすいてください
Please thin out my hair.

● 調髪／styling
スタイリング

● ヘアカット／hair cut
ヘア　カット

● シャンプー／shampoo
シャンプー

● シェーブ／shave
シェイブ

● フェーシャル／facial
フェイシャル

● ヘアカラー／hair dye
ヘア　ダイ

● ヘアウエーブ／hair wave
ヘア　ウエーブ

● ヘアセット／hair blow
ヘア　ブロウ

● トリム／trim
トリム

● メディアムカット／medium cut
メディアムカット

● ショートカット／short cut
ショートカット

● クルーカット／crew cut
クリューカット

● 丸がり／shaved head
シェイブドヘッド

● もみあげ／sideburns
サイドバーンズ

● 口ひげ／mustache
マスタッシェ

● ほほひげ／whiskers
ウィスカーズ

● バリカン／hair clippers
ヘア　クリッパーズ

● ドライヤー／blow dryer
ブロウ　ドライヤー

● すきバサミ／thinning scissors
シニング　シザーズ

● 髪質／hair type
ヘア　タイプ

● 頭の形／shape of head
シェーブ　オブ　ヘッド

The Beauty Parlor

15 美容室

🔊99

あなた	美しい髪をお持ちで。どのようにいたしましょうか？	What beautiful hair you have! How would you like to have your hair done?
お客様	カットだけお願いします。	Just a haircut, please.
あなた	髪をどのようにいたしますか？	How would you like it done?
お客様	前の髪を短くして、それにシャンプーとセットをお願いします。	Short in front. A shampoo and set, please.
あなた	カットもいたしますか？	Would you like it cut, too?
お客様	カットは必要かしら？ 要らないわ。でも、マニキュアをお願い。	Do I need a cut? I don't think so. But I'd like a manicure.
あなた	かしこまりました。	All right.

覚えたいフレーズ ●●

□ 髪をアップにしますか？
　Would you like to wear your hair up?

□ 前髪はどういたしますか？
　How would you like it done in front?

Manicure

単語 ●●

● ヘッドスパ／head spa
　ヘッド　スパ

● シャンプーとセット／shampoo and set
　シャンプー　アンド　セット

● 分け目／parting
　パーティング

● カールした髪／curly hair
　カーリーヘア

● 真っすぐな髪／straight hair
　ストレイトヘア

● パーマした髪／permed hair
　パームドヘア

● レイアーした髪／layered hair
　レイアードヘア

● おかっぱ／undercut
　アンダーカット

● ネイルケア／nail care
　ネイル　ケア

さまざまな
英語表現

●「数」の言い方

1	one
2	two
3	three
4	four
5	five
6	six
7	seven
8	eight
9	nine
10	ten
11	eleven
12	twelve
13	thirteen
14	fourteen
15	fifteen
16	sixteen
17	seventeen
18	eighteen
19	nineteen
20	twenty
21	twenty-one
22	twenty-two
23	twenty-three
30	thirty
34	thirty-four
40	forty
45	forty-five

50	fifty
56	fifty-six
60	sixty
67	sixty-seven
70	seventy
78	seventy-eight
80	eighty
89	eighty-nine
90	ninety
100	one hundred
155	one hundred and fifty five
975	nine hundred and seventy five
1,000	one thousand
10,000	ten thousand
40,000	forty thousand
100,000	one hundred thousand
567,000	five hundred and sixty seven thousand
1,000,000	one million
10,000,000	ten million
100,000,000	one hundred million

●「時間」の言い方

9時	nine o'clock
3時	three o'clock
午前10時	ten in the morning (10 AM)
午後4時	four in the afternoon (4 PM)
5時35分	five thirty-five
11時12分	eleven twelve
7時24分17秒	twenty-four minutes and seventeen seconds past seven

●「季節」の言い方

春	spring	夏	summer
秋	autumn	冬	winter
小春日和	Indian summer	春分	vernal equinox
夏至	summer solstice	秋分	autumnal equinox
冬至	winter solstice		

●「天候」の言い方

晴れた	sunny	快晴	clear weather
曇りの	cloudy	突風	blast, gust
雨模様の	rainy	竜巻き	tornado
雪の降る	snowy	虹	rainbow
嵐っぽい	stormy	にわか雨	shower
暑い	hot	あられ、ひょう	hail

さまざまな英語表現

寒い	cold	しぐれ	drizzle
凍りつく	icy	霧の	foggy
涼しい	cool	きり	frost
風が強い	windy	もや	fog, mist
洪水	flood	かすみ	haze
雷	thunder	台風	typhoon

●「月」の言い方

1月	January
2月	February
3月	March
4月	April
5月	May
6月	June
7月	July
8月	August
9月	September
10月	October
11月	November
12月	December

●「日」の言い方

1日	first
2日	second
3日	third
4日	fourth

5日	fifth
6日	sixth
7日	seventh
8日	eighth
9日	ninth
10日	tenth
13日	thirteenth
23日	twenty third
30日	thirtieth
明日	tomorrow
明後日	the day after tomorrow
昨日	yesterday
一昨日	the day before yesterday

●「曜日」の言い方

日曜日	Sunday
月曜日	Monday
火曜日	Tuesday
水曜日	Wednesday
木曜日	Thursday
金曜日	Friday
土曜日	Saturday

さまざまな英語表現

●「祝日」「年中行事」の言い方

Official Holidays & Annual Events

元日　New Year's Day

成人の日（1月第2月曜日）　Coming of Age Day　（Second Monday in January）

建国記念の日（2／11）　National Foundation Day

天皇誕生日（2／23）　Emperor's Birthday

春分の日（3／21前後）　Vernal Equinox

昭和の日（4／29）　Showa Day

憲法記念日（5／3）　Constitution Memorial Day

みどりの日（5／4）　Greenery Day

こどもの日（5／5）　Children's Day

海の日（7月第3月曜日）　Marine Day

山の日（8／11）　Mountain Day

敬老の日（9月第3月曜日）　Respect for the Aged Day

秋分の日（9／23前後）　Autumnal Equinox

スポーツの日（10月第2月曜日）　Health and Sports Day

文化の日（11／3）　National Cultural Day

勤労感謝の日（11／23）　Labor Thanksgiving Day

初詣（1／1）　First visit to a Shrine

節分（2／3）　Setsubun Festival

花見（3月下旬～4月上旬）　Cherry-blossom Viewing

七夕（7／7）　Tanabata Star Festival

お月見（9月中旬）　Moon Viewing

大晦日（12／31）　New Year's Eve

●「色」の言い方

黒色　black(ブラック)
赤色　red(レッド)　wine red
茶色　brown(ブラウン)　camel brown
青色　blue(ブルー)　sky blue／royal blue
金色　gold(ゴウルド)
銀色　silver(シルバー)
灰色　gray(グレイ)　charcol gray
白色　white(ワイト)　ivory white
緑色　green(グリーン)　light green　moss green
桃色／ピンク色　pink(ピンク)　salmon pink　shocking pink
オレンジ色　orange(オリンジ)
紫色　violet(ヴァイアリット)
黄色　yellow(イエロー)　lemon yellow
チョコレート色　chocolate(チョコリット)
えび茶　maroon(マルーン)

●「容器」の言い方

たる	barrel	フライパン	frying pan, skillet
バスケット	basket	鍋	pan
ボトル	bottle	グラス	glass
ボウル	bowl	水差し	jug
箱	box	鉢	pot
バケツ	bucket	ブリキ缶	tin
缶	can		

あとがき

2000年の初めに私は、外国人との接点となる店員さんに正しい英語で対応してほしいという気持ちで『店員さんの英会話』を書きました。それから20年以上も月日が流れ、最近では、かなり多くの日本語が世界で知られるようになり、日本に対する理解も一段と深まりました。日本を訪問する外国人数は、年間3,000万人を数えるほどになっています。

江戸の3大美味は寿司、てんぷら、そば。現代では、世界の人々が興味を持つ食べ物です。ラーメン、牛丼、洋食も人気の的ですし、ハイテク製品から化粧品に至るまで、店員さんが外国人と言葉を交わす機会はますます多くなっています。

この本では、外国人と店員さんの出会いから別れまでのあらゆるシーンで使われる、できるだけ多くの会話を集めました。ですから、販売／サービス業に携わる方々はもちろんのこと、"英語に興味を持つあなた" が求める英語表現が、きっとどこかで見つかることでしょう。

この増補改訂版では、店員さん英語に加えて、日常の興味深い話題にも使える英語を取り入れました。

それにしても、サシミ、ワサビ、サケからマンガ、ゼン、ニンジャに至るまで、英語になった日本語が多い中で、食べ物、薬、化粧品などの説明にはきめ細かい英語の表現が必要です。そこで、最新の事情を詳しく知るため、東京にあるレストランや店舗の数々を取材しました。特に、ホテルオークラ、スーパーの紀ノ国屋、銀座の宝石店エクセルコなどからは貴重な資料の提供をいただきました。

さらに、私の家族、親しい友人たちの熱心なアドバイスと後押しもあって、この本が誕生しました。何とお礼を申しあげてよいやら。すべての皆様に心からの感謝を捧げます。

原島一男

著者紹介

原島 一男 （はらしま かずお）

1936年、東京都生まれ。慶應義塾大学経済学部卒業後、米国ボストン大学大学院コミュニケーション学科へ留学。

帰国後、NHK国際局へ入局し、1991年までの32年間、英語ニュース記者、英語番組チーフ・プロデューサーなどを務める。

定年退職後、山一電機株式会社に入社、8年にわたり取締役経営企画部長、総務部長、関係会社社長を務める。

現在は、一般社団法人内外メディア研究会理事長。また、英語・自動車関連の単行本や雑誌連載の執筆に専念中。

日本記者クラブ、日本ペンクラブ会員。

著書に『映画で学ぶおしゃれな英語』（NHK出版）、『オードリーのように英語を話したい』（ジャパンタイムズ）、『単語で通じる英会話』（ベレ出版）、『なんといってもメルセデス』（マネジメント社）など多数。

◉──ブックデザイン・DTP　　佐々木 義洋（気仙沼デザイン株式会社）
◉──編集協力　　余田 志保
◉──ナレーター　　Josh Keller　Carolyn Miller
　　　　　　　　　Howard Colefield　久末 絹代
◉──音声制作　　高速録音株式会社
　　　　　　　　（収録時間 77分30秒）

［音声DL付］増補改訂版 店員さんの英会話ハンドブック

2024年1月25日　初版発行

著者	**原島 一男**
発行者	内田 真介
発行・発売	ベレ出版 〒162-0832 東京都新宿区岩戸町12 レベッカビル TEL.03-5225-4790　FAX.03-5225-4795 ホームページ　https://www.beret.co.jp/
印刷	モリモト印刷株式会社
製本	根本製本株式会社

ISBN 978-4-86064-753-7 C2082　　　　　　　　編集担当　永瀬 敏章